Readalong with me

The Amazing Phono-graphic Reading Program

Student's Book

© Julian Dickenson 2020

Ages 9 & Up

Copyright © 2021 Julian Dickenson

All rights reserved. No part of this book may reproduced in any form or by electronic or mechanical means, including information storage and retrieval systems, without permission in writing from the publisher, except by reviewers, who may quote a brief passage in a review.

Cover and interior design by Julian Dickenson

First printing edition 2005

ISBN 978-0-646-83812-0

www.Readalong-with-me.com

Contents

Read this first — viii

PART 1   The Basic Code

Section 1   First steps

Phonics — 3

Phonics lesson — 4

Segmenting skills — 9

Segmenting skills lesson — 10

Section 2   Sound it out

Blending skills — 16

Two letter blending lesson — 17

Three letter blending lesson — 18

Repeated consonants blending lesson — 19

Four letter blending lesson — 20

Blends lesson — 21

Section 3   Short vowels

a as in ant lesson — 23

e as in e lesson — 24

i as in ink lesson — 25

o as in ox lesson — 26

u as in ump lesson — 27

Section 4	**Multiple syllables**	
	Multi-syllable words	29
	Multi-syllable lesson	31
	Multi-syllable blends lesson	33
Section 5	**Schwa**	
	Multi-syllable + ə lesson	36
PART 2	**The Advanced Code**	
Section 6	**Digraphs**	
	sh as in ship lesson	43
	ch as in chick lesson	44
	ng as in sing lesson	45
	th as in math lesson	46
	Digraph multi-syllable lesson	47
	ng multi-syllable lesson	49
	Digraphs multi-syllable + ə lesson	51
Section 7	**Bossy e**	
	Bossy e lesson	56
	Other Bossy e words lesson	57
	Bossy e multi-syllable lesson	59
	Bossy e multi-syllable + ə lesson	62

Section 8	**Long vowels**	
	Teaching the a-e as in cake lesson	66
	a-e as in cake lesson	68
	Teaching the ee as in feet and other long vowel lessons	71
	ee as in feet lesson	73
	i-e as in kite lesson	76
	o-e as in bone lesson	79
	u-e as in cube lesson	82
	long vowels + ə lesson	85
Section 9	**Diphthongs**	
	Diphthongs	86
	or as in fork lesson	87
	ir as in bird lesson	90
	ar as in car lesson	93
	ow as in cow lesson	96
	oo as in moon lesson	99
	oo as in book lesson	102
	oy as in toy lesson	105
	air as in chair lesson	108
	ear as in ear lesson	111

Section 10	**Schwa & shy letters**	
	ə as in alarm lesson	115
	Shy e lesson	118
	Other shy letters lesson	121
Section 11	**Everything else**	
	e as in egg lesson	125
	o as in ox lesson	128
	w as in web lesson	131
	v as in van lesson	134
	g as in gum lesson	137
	n as in nun lesson	140
	q as in quiz lesson	143
	f as in fan lesson	146
	l as in leg lesson	149
	r as in rat lesson	152
	s as in sun lesson	155
	j as in jet lesson	158
	h as in hat lesson	161
	d as in dog lesson	164
	t as in tub lesson	167
	m as in mum lesson	170

i as in ink lesson	173
z as in zip lesson	176
k as in kip lesson	179
ch as in chick lesson	182
sh as in ship lesson	185

Read this first

Whether you're a concerned parent who wants to teach their own child to read or an EFL teacher who wants to help their students, *Readalong* is for anyone who wants to teach non-readers to read, as long as they are at least nine years old.

Using *Readalong*, you will be teaching new readers to read like champions in no time at all. *Readalong* utilises a special phono-graphic method for teaching and learning to read, or more specifically, learning to decode, which is the foundation of reading. "Phono" is short for phoneme, which means sound. "Graphic" is short for grapheme, which means letter. Together they refer to the sound-letter (phoneme-grapheme) correspondence in words, often referred to as the Alphabetic Code.

Reading well depends entirely on the ability to unlock the Alphabetic Code. Simple, right? If only it was! English isn't phonetic like other languages are, and the written code is unusually complex. Reading is easy if you have mastered the Alphabetic Code because it unlocks the door to the written code and allows you to enter a world of reading. But not everyone learns to read well – not even native English speakers. If you're an ESL/EFL teacher, you will know all too well the challenges of getting students to read well, among other things. *Readalong* will help you find the key that unlocks the door to the most important thing you and they will ever do – learning to read.

If words are spelt or pronounced differently to how you would write or say them yourself, don't throw the baby out with the bath water. Regardless of where you're from, what accent you have or what you're teaching, just keep in mind that we're teaching decoding, which doesn't depend on any regional specific spelling or pronunciation.

Lessons start simple, but in later chapters they can be challenging. They've been included in order to give those that are able every opportunity to fully develop their reading ability. The main idea isn't to necessarily know each and every word but rather understand the way words are constructed and to develop decoding skills. If readers find any section too difficult, then don't be afraid to take a step back and review earlier sections before tackling the same section again. Reviewing is well worth it! Practice really does make perfect!

Readalong makes it simple for you to help your readers unlock the written code. Simply follow the yellow brick road by teaching *Readalong* from beginning to end. If you want to know all the how's and why's of reading, then get yourself the companion Teacher's Book.

Part 1
The Basic Code

Section 1
First steps

The Basic Code

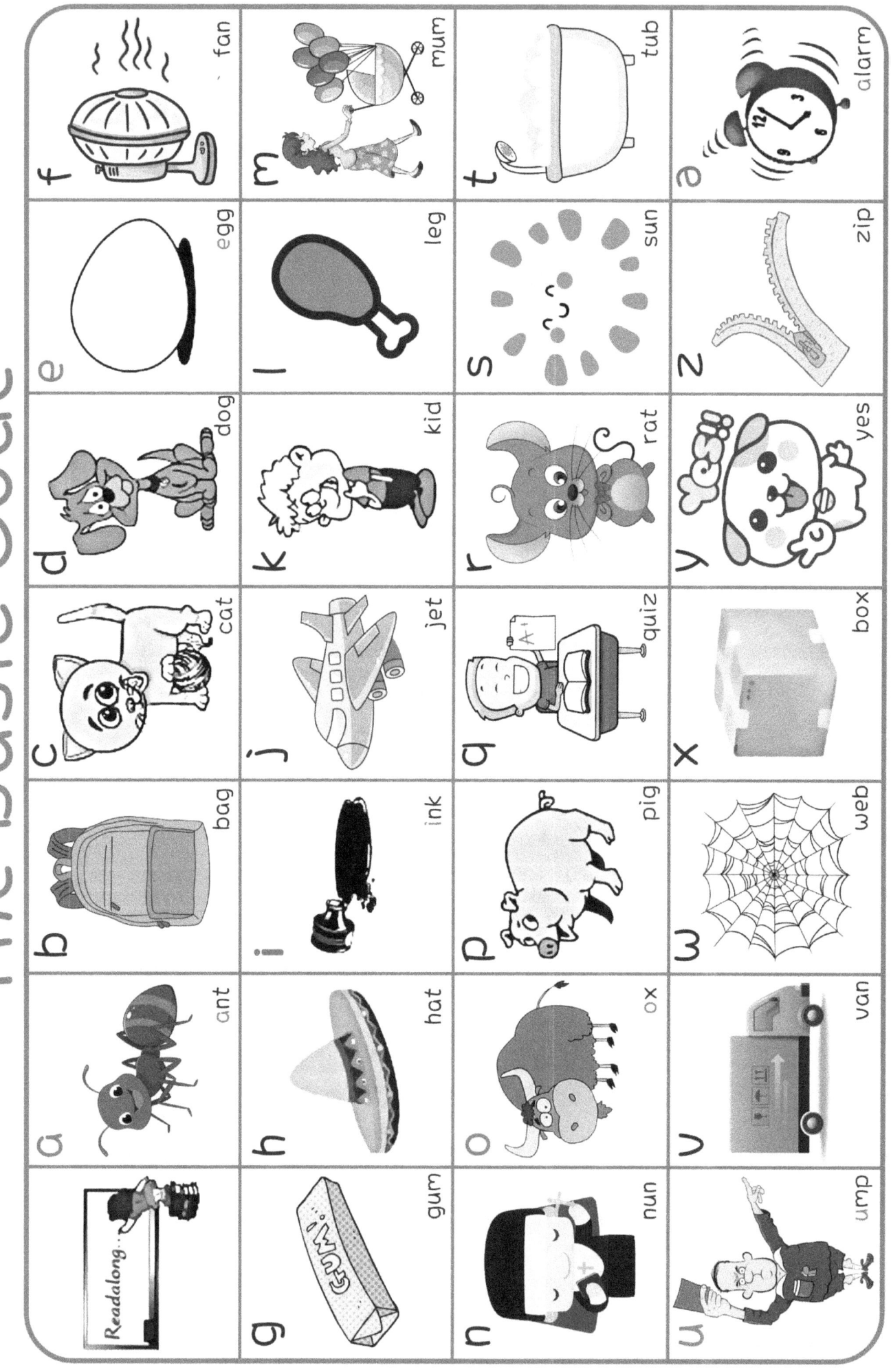

Phonics

The first step in learning to read is knowing the sounds for the letters of the Basic Code. Point to the letter you want students to know, in this case, the letter 'a', and ask them what the first sound of the word ant is.

What's the first sound in the word  ?

Instead of saying a-a-ant, accentuate the sound by stretching it out.

aaaaaa .... nt

Get students to tell you what the sound is and then explain that the letter 'a' represents that sound. Always remember that letters don't make sounds; they can only represent them.

Sounds like 'b' in the word 'bag' are short, so they can't easily be stretched. Just tell students that it's the same as the last sound in the word 'tub'. Stretch the word out so they can easily hear the 'b' sound.

It's much easier to hear this type of sound at the end of a word. Teaching it this way works nicely when they learn segmenting skills in the next lesson!

Phonics lesson

Remember, you're trying to get students to hear the sound for themselves as opposed to rote learning it.

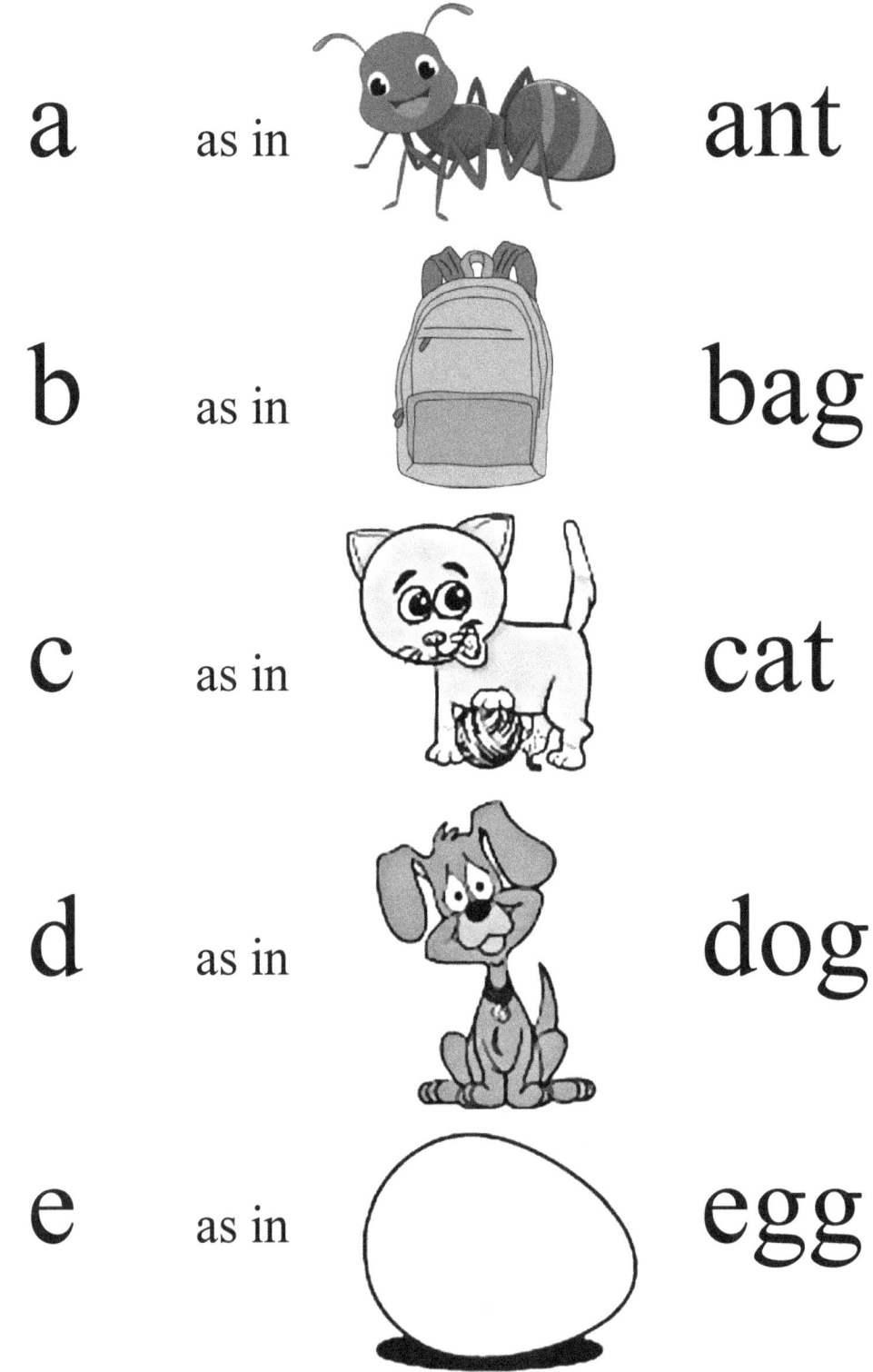

a   as in   ant

b   as in   bag

c   as in   cat

d   as in   dog

e   as in   egg

f   as in   fan

g   as in   gum

h   as in   hat

i   as in   ink

j   as in   jet

k   as in   kid

l   as in   leg

m   as in   mum

n   as in   nun

o   as in   ox

p   as in   pig

q (kw)   as in   quiz

r   as in   rat

s   as in   sun

t   as in   tub

u   as in   ump

v   as in   van

w   as in   web

x (ks)   as in   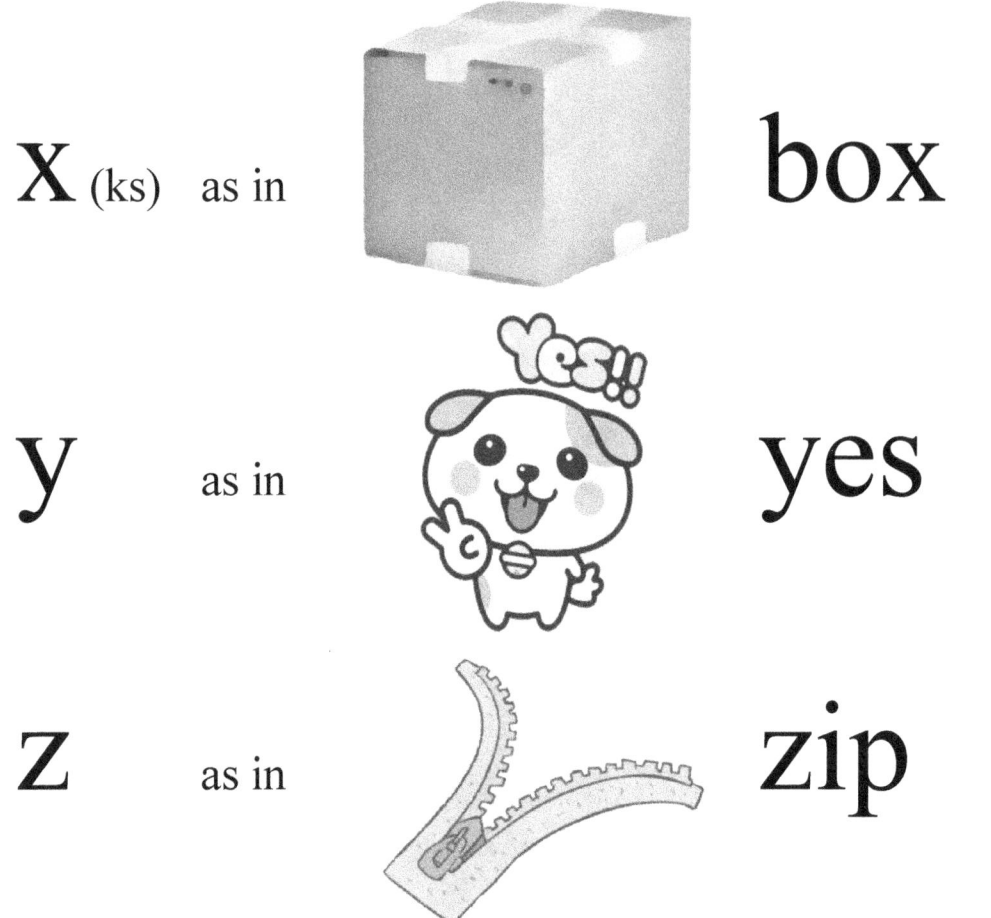   box

y   as in   yes

z   as in   zip

The sound we want to learn in the last square on the Basic Code card, the ə as in **a**larm square, is the same as the first sound in the word **a**larm. You might be thinking that this little fella is a little out of place, but you would be wrong. It's exactly where he needs to be. You don't need to teach it right now if you don't want to. You will get a proper introduction in due course.

ə   as in      alarm

Segmenting skills

Learning to discern all the individual sounds in words is an essential reading skill. Help students separate each word into its first, last and middle sounds.

What's the first sound in the word  ?

Because the first and last consonant sounds are easier to hear than the middle short vowel sound, next ask students what the last sound in the word ant is.

What's the last sound in the word  ?

Accentuate the sounds by stretching them out.

aaaa .... nnnn .... t

Once they know the sound, get them to point to the letter on the Basic Code card.

Show them that it's the same sound and first letter as in the word tub.

Repeat this process for the middle sound.

What's the middle sound in the word  ?

Accentuate the sound by stretching the sounds out again.

aaaa ..... nnnn .... t

Once they know the sound, get them to point to the letter on the Basic Code card. Show them that it's the same sound for the first and last sounds in the word nun.

Repeat this until they can hear each sound for themselves and tell you which letter it is on the Basic Code card.

Segmenting skills lesson

Say these words out loud and let the student tell you what the first, last and middle sounds are. Afterwards, ask them which letters represent those sounds and vice versa.

	first sound	middle sound	last sound
	a	n	t
	b	a	g
	c	a	t
	d	o	g
	e		g

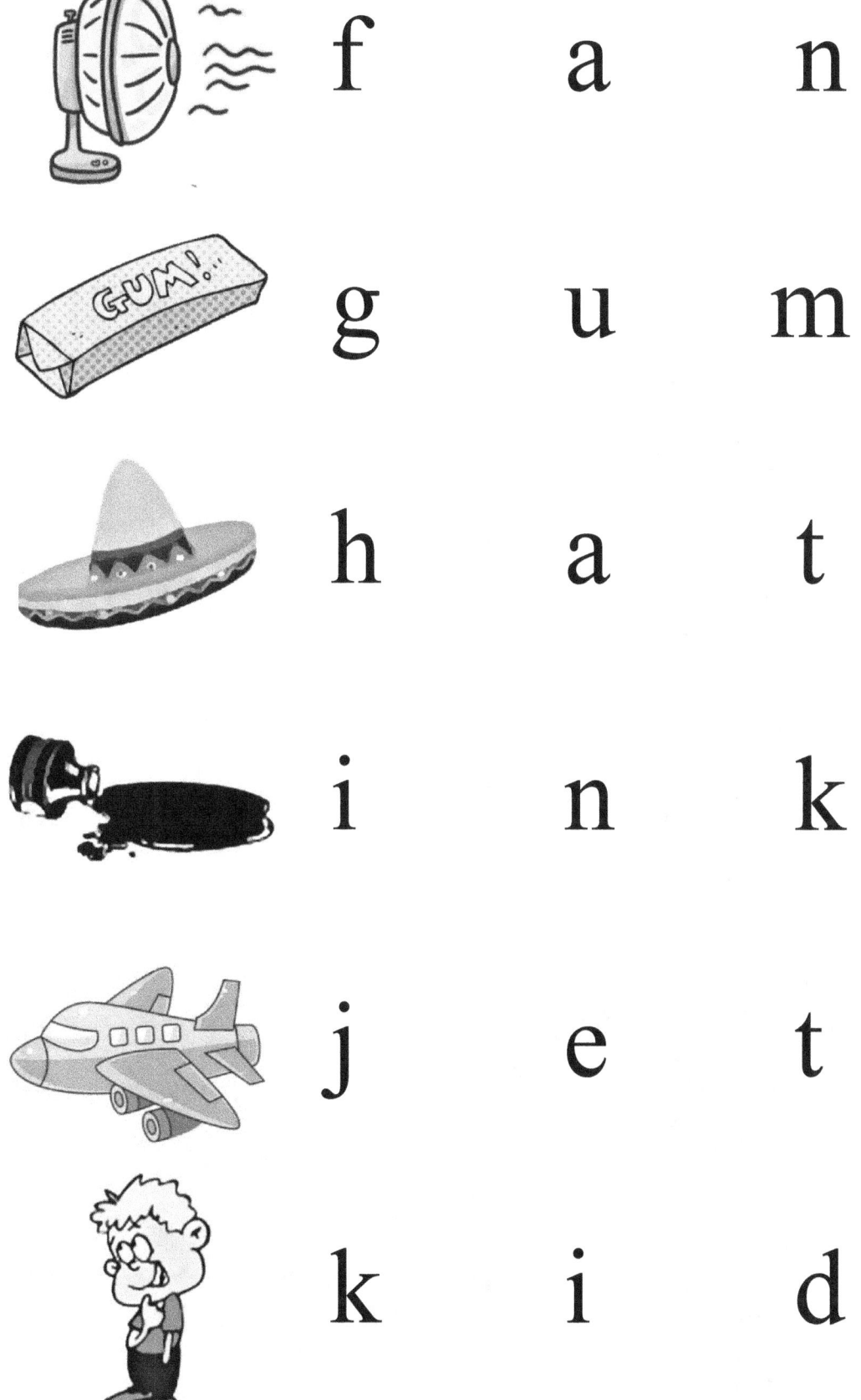

f a n

g u m

h a t

i n k

j e t

k i d

r a t

s u n

t u b

u m p

v a n

w e b

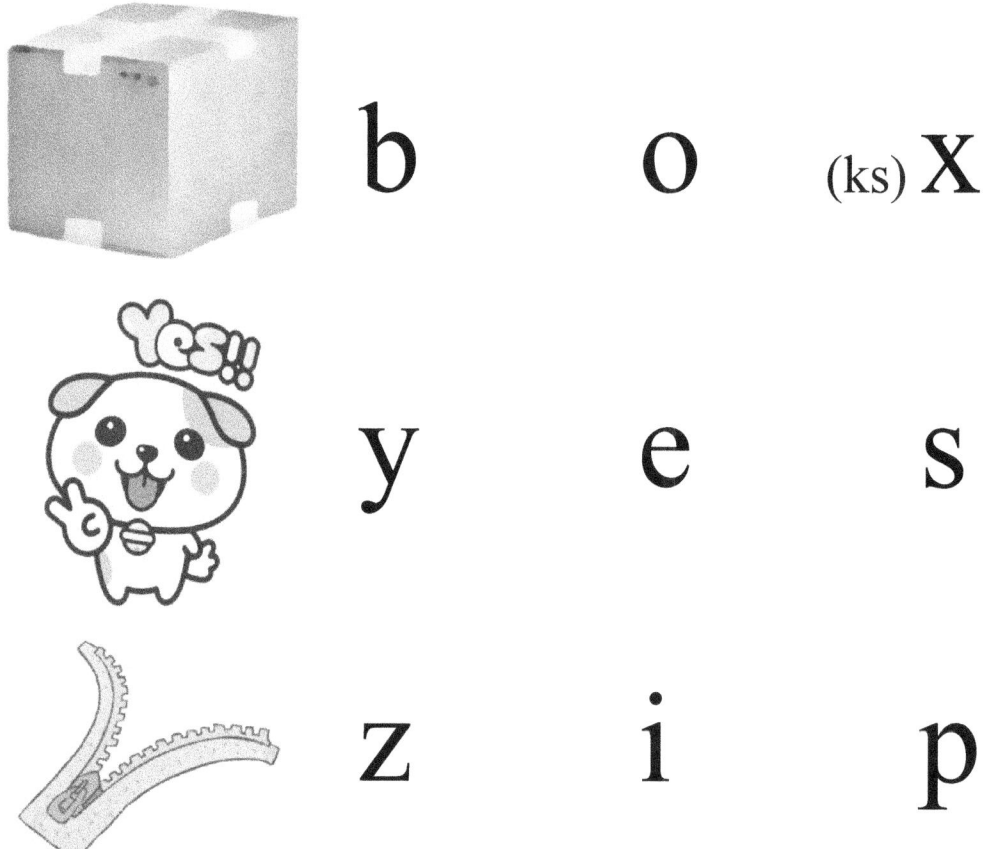

b   o   (ks) x

y   e   s

z   i   p

Section 2
Sound it out

Blending skills

Reading is as easy as blending (sounding out) letters together to form words. It all begins with just two letters.

a + m = am

Then three letters.

b + a = ba + t = bat

Then four letters.

b + a = ba + n = ban + d = band

Then five letters.

g + r = gr + a = gra + n = gran + d =

grand

And so on …

Eventually, your new readers will learn to read words with all sorts of letter combinations, both long and short. Regardless, the way we read is exactly the same. Just blend all the letters (sound them out) together to form the words. If students have trouble sounding them out as one word, get them to read sound by sound until they can do it!

The first time you teach blending skills, model the words by reading them out, then get the students to repeat each word as a class. After reading them through once, get students to read one by one because we want them to learn to do it by themselves.

Always remember to review the previous lesson before going on to new material. The golden rule is, practice makes perfect!

Two-letter blending lesson

Ask your readers to blend (sound out) the consonants and vowels together.

    b   +   a   =   ba

Now try blending these.

ba ca da fa ga ha ja la ma na pa ra

sa ta va wa ya za am an as at

be de fe ge he je ke le me ne pe re

se te ve we ye ze

bi di fi gi hi ji ki li mi ni pi ri

si ti vi wi yi zi if in is it

bo co do fo go ho jo lo mo no po ro

so to vo wo yo zo on

bu cu du fu gu hu ju lu mu nu pu ru

su tu vu wu yu zu up us

Three-letter blending lesson

Ask your students to read three-letter words by sounding them out. The word 'bat' is read:

b + a = ba + t = bat

Now try reading these.

bat	can	cat	dab	dam	fan
fat	fax	map	nap	pad	pan
pat	ram	ran	rap	rat	sad
beg	bet	get	leg	let	met
net	peg	pen	red	set	ten
bit	dim	fib	fit	hip	hit
kip	kit	lit	pin	pip	pit
rim	sim	sin	tin	tip	zip
bop	cop	cot	dog	hot	lot
mob	nod	pot	rod	sod	top
bug	bus	but	dug	fun	hum
mum	rug	pup	sun	tub	tug

Repeated consonants blending lesson

In the word egg, there are three letters but only two sounds. While there are two g's (gg), they only represent a single sound (g). This is the same for bb (b), ff, (f), ll (l), ss (s) and even ck (k), because c and k are the same sound.

egg = eg   ebb = eb   biff = bif

bill = bil   bass = bas   back = bak

Now try these.

egg	ebb	biff	miff	riff	tiff
ziff	boff	toff	buff	cuff	duff
huff	luff	muff	puff	ruff	tuff
bill	dill	fill	gill	hill	mill
sill	till	will	zill	gull	null
bass	lass	mass	sass	less	hiss
miss	boss	loss	toss	cuss	fuss
back	hack	lack	pack	lick	nick
pick	sick	dock	hock	lock	pock
rock	sock	tock	duck	puck	suck

Four-letter blending lesson

Four letters? No problem! Just keep sounding the words out. The word 'band' is read:

b + a = ba + n = ban + d = band

Now try these.

band	bank	damp	dank	hand	lamp
land	pant	rank	sand	tamp	tank
bent	best	desk	heft	left	lend
lent	nest	pent	pest	rent	rest
sent	tent	went	west	temp	zest
fist	hint	lift	list	milk	mist
rift	risk	sift	silk	silt	wimp
bonk	conk	cost	fond	font	honk
loft	lost	pomp	romp	sods	soft
bump	bulk	bunk	bunt	bust	dump
dusk	dust	hump	hunt	husk	jump
just	lump	lust	musk	rump	sump

Blends lesson

Blends refer to two adjacent consonants, like the bl in the word 'blend'. Some other languages don't have blends, so they can be challenging for foreign-language learners to read.

bl br cl cr dr fl fr gl gr kr pl pr
sc sl sm sn sp st sw tr tw scr spl
spr str

The word 'bland' is read:

b + l = bl + a = bla + n = blan + d = bland

Now try these.

bland	blend	blink	blond	blunt	brand
brunt	clamp	clint	clomp	clump	clunk
crass	cramp	crest	crimp	crisp	crump
drank	drift	drink	frisk	frost	frump
gland	glint	grand	grant	grill	grips
plank	plant	plump	press	primp	print
scamp	scant	slant	slump	smelt	stamp
stomp	stump	tramp	trams	trump	trust
scram	scrimp	splint	sprint	strand	strict

Section 3
Short vowels

a as in ant lesson

Now that you have the hang of it, it's time for some real reading. Just sound the words out as before: a + m = am

am	an	as	at
and	bag	bat	cad
cap	cat	dad	dam
fab	fad	fan	fat
had	hag	ham	has
hat	lad	lap	mad
man	map	mat	max
pad	pan	pat	rad
ran	rat	sad	sat
bass	lass	mass	sass
back	hack	lack	sack
camp	lamp	ramp	tamp
land	pant	rank	sand
black	bland	blank	crack

e as in egg lesson

Sound the words out as before: e + gg = egg

egg	end	bed	beg
bet	den	fed	get
leg	let	men	met
net	peg	pen	pet
ten	yen	yes	yet
bell	dell	fell	hell
nell	sell	tell	yell
belt	bent	best	delt
desk	felt	help	left
lend	lent	melt	mend
nest	next	pent	pest
rent	rest	send	sent
tend	tent	test	went
blend	crept	crest	flex

i as in ink lesson

Sound the words out as before: i + f = if

if	in	is	it
big	bit	did	dim
dip	fin	fit	him
hip	pit	sip	sit
bill	dill	fill	mill
pill	sill	till	will
lick	nick	pick	sick
diss	hiss	kiss	miss
gift	lift	limp	milk
sift	silk	silt	tilt
fist	list	mist	film
blink	brick	crisp	frill
grill	grim	grin	grip
prick	slim	swim	swims

o as in ox lesson

Sound the words out as before: o + n = on

on	ox	box	dog
dot	fog	fox	got
hop	hot	lot	mod
mop	nob	nod	not
pot	rob	rod	rot
tog	top	doll	poll
dock	lock	rock	sock
boss	loss	moss	toss
bond	bonk	cost	comp
loft	lost	pomp	pond
romp	soft	cross	flop
floss	frog	glob	prop
slob	smog	snob	snog
block	flock	frock	frost

u as in ump lesson

Sound the words out as before: u + p = up

up	us	bug	bun
bus	but	cup	cut
fub	fun	gun	gut
hug	hum	mum	nun
pun	run	sun	tub
cull	dull	huff	puff
duck	luck	puck	ruck
suck	tuck	fuss	puss
bump	dump	jump	lump
bunt	hunt	punt	runt
bust	dust	must	rust
bluff	fluff	gruff	stuff
blunt	clump	crust	frump
grump	slump	trump	trunk

Section 4
Multiple syllables

Multi-syllable words

Reading words with more than one syllable is easy if you know how. Start by telling your readers that every syllable has a vowel.

    a   e   i   o   u

Find where and how many vowels there are. If there is only one vowel in a word, then it's a single-syllable word.

    ant   cat   egg   ink   dog   sun

If there are two vowels, there are two syllables.

    comic   =   co-mic

If there are three vowels, there are three syllables.

    manifest   =   ma-ni-fest

If there are four vowels, there are four syllables.

    inconsistent   =   in-con-sis-tent

If there are five vowels, there are five syllables.

    experimented   =   ex-pe-ri-men-ted

And so on.

The most important thing when reading words with multiple syllables is making sure that you separate syllables in the right place to get the correct pronunciation.

Separating syllables seems obvious. But people tend to overthink it and don't really listen to where the syllables are. For example, many people think that the word reading should be read read-ing, but actually it should be read rea-ding. As a result, separating syllables seems might seem obvious, but it can be more difficult than you first think.

There are two basic rules for separating words into syllables.

Rule 1: If there's only a single consonant between the vowels, the syllable falls after the first vowel.

    comic   =   c**o**-**m**ic

Rule 2: If there are two consonants between the vowels, then the syllable falls between the two consonants.

    expand   =   **e**x-**p**and

There will be more on syllables later on, but in the beginning, it doesn't matter how many syllables there are, words are basically a combination of these two rules for words made up of sounds and letters from the Basic Code.

    expected   =   ex-pec-ted

    experiment   =   ex-pe-ri-ment

    experimented   =   ex-pe-ri-men-ted

After you find the syllables, it's as easy as blending the sounds in each individual syllable together, and then blending each syllable together.

    comic   =   co + mic

    manifest   =   ma + ni = mani + fest =

                                 manifest

    inconsistent   =   in + con = incon + sis =

                                 inconsis + tent = inconsistent

multi-syllable lesson 1

When separating words into their syllables, remember to first find the vowels (a, e, i, o and u). If there's only a single consonant between the vowels, the syllable falls after the first vowel.

Rule 1:   comic   =   **co-m**ic

If there are two consonants between the vowels, the syllable falls between the two consonants.

Rule 2:   expand   =   **ex-p**and

co-mic	so-nic	to-nic	to-pic
ex-pand	ex-pend	ex-tend	ex-tent
im-pend	in-box	in-dex	in-dent
in-fest	in-sist	in-tact	in-tel
in-tend	in-tent	in-vent	in-vest
un-lock	un-send	un-sent	un-til
com-pel	con-fab	con-fess	con-tact
con-tend	con-tent	con-test	con-tempt
dis-band	dis-cuss	dis-miss	dis-pel
him-self	mis-fit	mis-hap	ran-sack
sub-ject	sub-mit	sub-let	plas-tic
ag-nos-tic	ec-lec-tic	fan-tas-tic	non-con-tact

multi-syllable lesson 2

Remember that there are two basic rules for finding syllables.

1. comic = co-mic
2. expand = ex-pand

Now try reading the same words, but this time without the syllables marked. You can get students to use a pencil to separate words into their respective syllables: comic = co/mic, expect = ex/pect, etc.

comic	sonic	tonic	topic
expand	expend	extend	extent
impend	inbox	index	indent
infest	insist	intact	intel
intend	intent	invent	invest
unlock	unsend	unsent	until
compel	confab	confess	contact
contend	content	contest	contempt
disband	discuss	dismiss	dispel
himself	misfit	mishap	ransack
subject	submit	sublet	plastic
agnostic	eclectic	fantastic	noncontact

Multi-syllable blends lesson 1

Remember the two rules for separating syllables.

1. comic = co-mic   2. expand = ex-pand

Blends are two consonants that go together.

bl br cl cr dr fl fr gl gr kr pl pr
sc sl sm sn sp st sw tr tw scr spl
spr str

Rule 3: Because blends go together, they usually aren't separated.

encrust = en-crust

Now try these.

en-crust	en-trap	en-trust	ex-press
ex-tract	im-plant	im-press	im-print
in-crust	in-flect	in-flict	in-fract
in-step	in-still	in-stinct	ob-struct
un-brick	un-crack	un-cross	un-dress
un-drink	un-frank	un-stack	un-stuck
dis-tract	dis-tress	dis-trict	lip-stick
mis-print	mis-trust	com-press	con-tract
sub-tract	con-strict	con-struct	in-trin-sic

Multi-syllable blends lesson 2

Remember the two rules for separating syllables.

    1. comic = co-mic   2. expand = ex-pand

Remember what blends are.

bl br cl cr dr fl fr gl gr kr pl pr
sc sl sm sn sp st sw tr tw scr spl
spr str

Remember that blends aren't separated.

    3. encrust = en-crust

Now try these.

encrust	entrap	entrust	express
extract	implant	impress	imprint
incrust	inflect	inflict	infract
instep	instill	instinct	obstruct
unbrick	uncrack	uncross	undress
undrink	unfrank	unstack	unstuck
distract	distress	district	lipstick
misprint	mistrust	compress	contract
subtract	constrict	construct	intrinsic

Section 4
Schwa

Multi-syllable + ə lesson 1

The last square on the Basic Code card is the first sound in the word **a**larm. This sound is a short vowel sound called schwa and written ə. Schwa is most common in multiple syllable words. Some common ə words are sev**e**n, less**o**n and cact**u**s. The last vowel in the following words is ə.

    sev**e**n   =   se-vən   cact**u**s = cac-təs

Repeated consonants count as only a single unit when separating syllables.

    sadd**e**n = sa-dden (sa-dən)   sipp**e**t = si-ppet (si-pət)

    butt**o**n = button (bu-tən)   rock**e**t = ro-cket (ro-kət)

Now try reading words with ə, which have been **bolded**.

se-v**en**	gi-v**en**	li-n**en**	sun-k**en**
gif-t**ed**	lif-t**ed**	nes-t**ed**	res-t**ed**
sif-t**ed**	tes-t**ed**	dus-t**ed**	dam-p**en**
crus-t**ed**	fros-t**ed**	plan-t**ed**	prin-t**ed**
dis-t**ant**	cac-t**us**	cam-p**us**	rum-p**us**
sa-dd**en**	sa-dd**est**	gu-ll**et**	su-ll**en**
pu-pp**et**	le-ss**on**	go-tt**en**	bu-tt**on**
do-ck**et**	lo-ck**et**	po-ck**et**	ro-ck**et**
en-lis-t**ed**	en-trus-t**ed**	ex-pan-d**ed**	ex-pec-t**ed**
in-fes-t**ed**	im-prin-t**ed**	sub-jec-t**ed**	sub-mi-tt**ed**

Multi-syllable + ə lesson 2

Remember that the last vowel in all these words is pronounced as ə as in alarm.

seven	=	se-vən	cactus	=	cac-təs
sadden	=	sa-ddən	sippet	=	si-ppət
button	=	bu-ttən	rocket	=	ro-ckət

Now try reading the words without syllables marked.

seven	given	linen	sunken
gifted	lifted	nested	rested
sifted	tested	dusted	dampen
crusted	frosted	planted	printed
distant	cactus	campus	rumpus
sadden	saddest	gullet	sullen
puppet	lesson	gotten	button
docket	locket	pocket	rocket
enlisted	entrusted	expanded	expected
infested	imprinted	subjected	submitted

Multi-syllable + ə lesson 3

Remember that the last vowel in all these words is pronounced as ə as in alarm.

seven	=	se-vən	cactus	=	cac-təs
sadden	=	sa-ddən	sippet	=	si-ppət
button	=	bu-ttən	rocket	=	ro-ckət

Now try reading the words without ə being bolded or syllables marked.

seven	given	linen	sunken
gifted	lifted	nested	rested
sifted	tested	dusted	dampen
crusted	frosted	planted	printed
distant	cactus	campus	rumpus
sadden	saddest	gullet	sullen
puppet	lesson	gotten	button
docket	locket	pocket	rocket
enlisted	entrusted	expanded	expected
infested	imprinted	subjected	submitted

Part 2
The Advanced Code

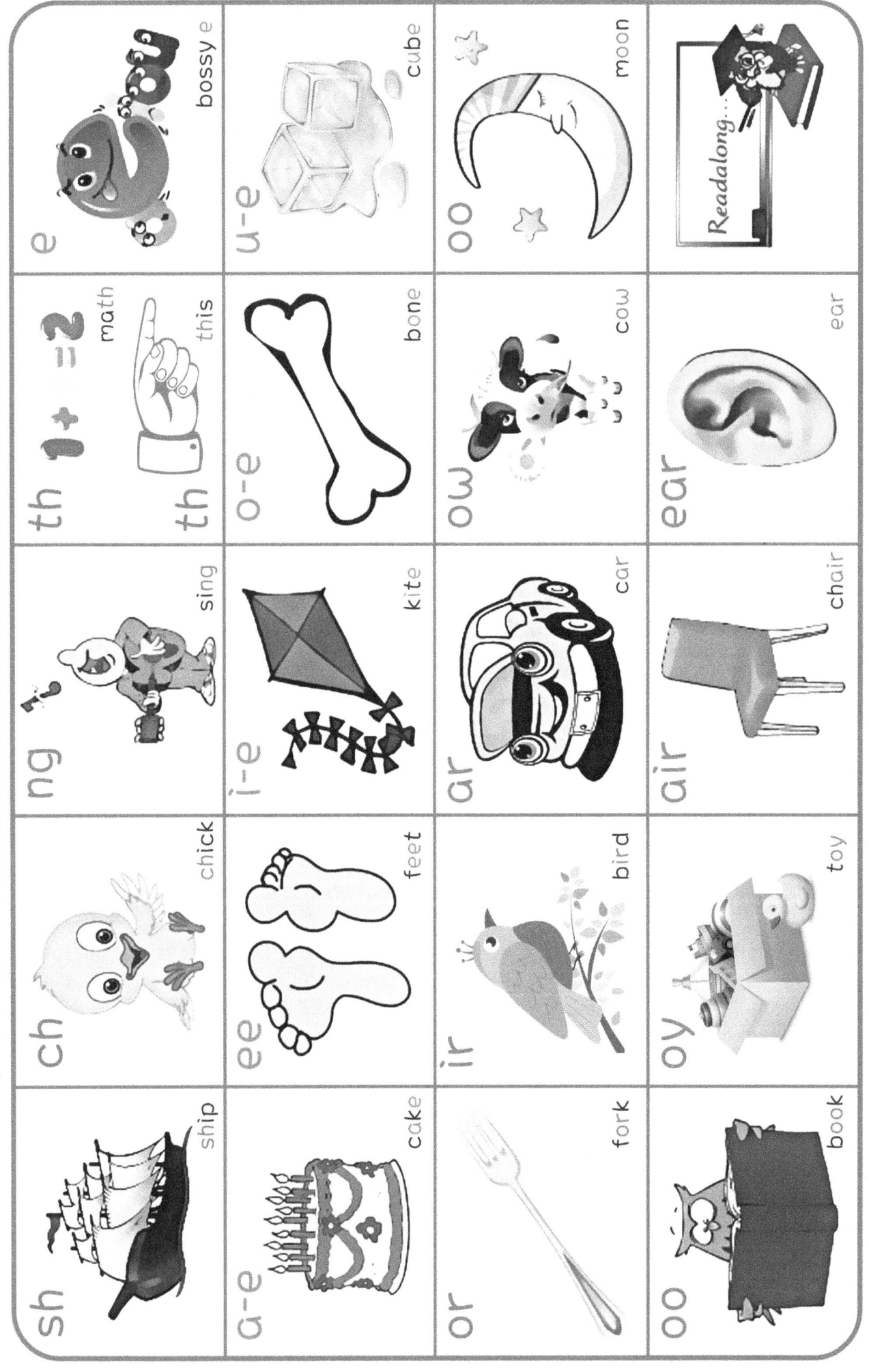

Section 6
Digraphs

sh as in ship lesson

Always remember that together 'sh' represents a single sound. Sound the words out as before:

sh + i = shi + p = ship

b + a = ba + sh = bash

Now try these.

ship	shack	shad	shag
shall	sham	shalt	shank
shed	shell	shelf	shill
shim	shin	shiv	shift
shock	shod	shop	shot
shuck	shun	shup	shut
shlep	shred	shrift	shrub
bash	cash	dash	hash
mash	pash	sash	mesh
fish	bosh	mosh	nosh
posh	tosh	crash	slash
slosh	swish	trash	splosh

ch as in chick lesson

Sound the words out as before:

    ch + i = chi + ck = chick

    m + u = mu + ch = much

Now try these.

chick	chad	chaff	chap
cham	chat	champ	chant
check	chess	chest	chill
chin	chip	chit	chimp
chink	choc	chock	chop
chott	chomp	chub	chuck
chum	chump	chunk	chunks
lech	rich	sech	much
such	ranch	pinch	sinch
flinch	grinch	bunch	hunch
lunch	munch	punch	blanch
brunch	crunch	stanch	scrunch

ng as in sing lesson

Sound the words out as before:

    s   +   i   =   si   +   ng   =   sing

Now try these.

sing	bang	dang	fang
gang	hang	lang	pang
rang	sang	ding	king
ling	ping	ring	ting
zing	bong	dong	gong
long	nong	pong	song
tong	hung	lung	rung
bangs	fangs	gangs	pangs
dings	rings	sings	zings
bongs	dongs	gongs	longs
bling	cling	fling	sling
clung	flung	prong	slings
string	strong	strung	strings

th as in math lesson

Sound the words out as before:

m + a = ma + th = math

th + i = thi + n = thin

Now try these.

math	hath	Beth	Cath
meth	Seth	pith	Sith
with	loth	moth	broth
cloth	froth	thin	thick
thud	thug	thank	theft
think	thugs	thanks	thinks
thing	thong	things	thongs
thrash	thresh	thrush	thwack

The 'th' in 'math' is enunciated, while 'th' in 'that' isn't, so they are actually different sounds. The latter has been underlined to make it clear which is which.

<u>th</u> as in this

Now try these.

<u>th</u>is <u>th</u>em <u>th</u>en <u>th</u>at

Digraphs multi-syllable lesson 1

Words with digraphs can have more than one syllable too! The digraphs 'sh', 'ch', 'ng' and 'th 'count as a single unit when separating syllables.

having	=	ha-**v**ing	bashing	=	ba-**sh**ing
inching	=	in-**ch**ing	butting	=	bu-**tt**ing

Now try these.

ha-ving	gi-ving	li-ving	jum-ping
ba-tting	ma-pping	pa-tting	be-tting
le-tting	ne-tting	pe-tting	se-tting
hi-tting	ri-pping	si-pping	ti-pping
si-nning	bu-tting	hu-gging	hu-mming
pu-tting	ru-bbing	ru-nning	su-mming
su-nning	flu-bbing	prin-king	prin-ting
ba-shing	ca-shing	da-shing	ha-shing
la-shing	ma-shing	me-shing	fi-shing
wi-shing	ru-shing	shi-pping	sho-pping
shu-tting	cru-shing	bru-shing	fla-shing
in-ching	pin-ching	than-king	thin-king

Digraphs multi-syllable lesson 2

Make sure your readers understand that digraphs count as a single unit when separating syllables.

having = ha-ving   bashing = ba-shing

inching = in-ching   butting = bu-tting

Now try reading the same words but without syllables marked.

having	giving	living	jumping
batting	mapping	patting	betting
letting	netting	petting	setting
hitting	ripping	sipping	tipping
sinning	butting	hugging	humming
putting	rubbing	running	summing
sunning	flubbing	prinking	printing
bashing	cashing	dashing	hashing
lashing	mashing	meshing	fishing
wishing	rushing	shipping	shopping
shutting	crushing	brushing	flashing
inching	pinching	thanking	thinking

ng multi-syllable lesson 1

Multi-syllable words with 'ng' are separated after 'ng' and not before.

    banging   =   **bang**-ing

Now try these.

bang-ing	gang-ing	hang-ing	pang-ing
tang-ing	ding-ing	ring-ing	sing-ing
wing-ing	zing-ing	bong-ing	dong-ing
gong-ing	long-ing	tong-ing	pang-ing
ping-ing	pong-ing	bung-ing	dung-ing
bling-ing	bring-ing	clang-ing	cling-ing
fling-ing	prang-ing	prong-ing	slang-ing
sling-ing	spang-ing	swing-ing	sting-ing
wing-ding	wing-nut	wing-span	wing-tip

ng multi-syllable lesson 2

Remember, multi-syllable words with 'ng' are separated after 'ng', not before.

    banging   =   ba**ng**-ing

Now try these without syllables marked.

banging	ganging	hanging	panging
tanging	dinging	ringing	singing
winging	zinging	bonging	donging
gonging	longing	tonging	panging
pinging	ponging	bunging	dunging
blinging	bringing	clanging	clinging
flinging	pranging	pronging	slanging
slinging	spanging	swinging	stinging
wingding	wingnut	wingspan	wingtip

Digraph multi-syllable + ə lesson 1

The second vowel sound in these words is pronounced as 'ə'.

ashes = a-shəs

Now try these.

a-shes	ba-shes	ca-shes	da-shes
ga-shes	ha-shes	la-shes	ma-shes
me-shes	pa-shes	sa-shes	di-shes
fi-shes	wi-shes	mo-shes	no-shes
po-shes	bru-shes	cra-shes	fla-shes
sko-shes	pla-shes	slo-shes	sma-shes
sta-shes	swi-shes	tra-shes	spla-shes
in-ches	pin-ches	sin-ches	bun-ches
hun-ches	lun-ches	mun-ches	pun-ches
blan-ches	blen-ches	brun-ches	crun-ches
flin-ches	grin-ches	stan-ches	scrun-ches

Digraph multi-syllable + ə lesson 2

Remember, the second vowel sound in these words is pronounced as 'ə'.

ashes = a-shəs

Now try these without syllables marked.

ashes	bashes	cashes	dashes
gashes	hashes	lashes	mashes
meshes	pashes	sashes	dishes
fishes	wishes	moshes	noshes
poshes	brushes	crashes	flashes
skoshes	plashes	sloshes	smashes
stashes	swishes	trashes	splashes
inches	pinches	sinches	bunches
hunches	lunches	munches	punches
blanches	blenches	brunches	crunches
flinches	grinches	stanches	scrunches

Digraph multi-syllable + ə lesson 3

Remember, the second vowel sound in these words is pronounced as 'ə'.

ashes   =   a-shəs

Now try these without 'ə' bolded or syllables marked.

ashes	bashes	cashes	dashes
gashes	hashes	lashes	mashes
meshes	pashes	sashes	dishes
fishes	wishes	moshes	noshes
poshes	brushes	crashes	flashes
skoshes	plashes	sloshes	smashes
stashes	swishes	trashes	splashes
inches	pinches	sinches	bunches
hunches	lunches	munches	punches
blanches	blenches	brunches	crunches
grinches	flinches	stanches	scrunches

Section 7
Bossy e

Bossy e lesson

Bossy **e** has a co-dependent relationship with the other vowels. It just loves to tell them what to do, turning short vowels into long vowels.

at + e = **ate** dim + e = **dime**

cod + e = **code** us + e = **use**

Now try reading these Bossy **e** words.

can	=	**cane**	bat	=	**bate**
fat	=	**fate**	hat	=	**hate**
mat	=	**mate**	rat	=	**rate**
dim	=	**dime**	fin	=	**fine**
hid	=	**hide**	pin	=	**pine**
pip	=	**pipe**	rip	=	**ripe**
cod	=	**code**	cop	=	**cope**
dot	=	**dote**	hop	=	**hope**
mod	=	**mode**	nod	=	**node**
us	=	**use**	cub	=	**cube**
cut	=	**cute**	tub	=	**tube**

Other Bossy e words lesson 1

Now try reading these Bossy e words.

bake	cake	date	fate
hate	lake	late	make
mate	rake	sake	take
brake	plate	shake	shape
eke	eve	demes	Crete
meme	Pete	theme	<u>th</u>ese
bike	bite	dike	fine
hike	like	lite	pike
ripe	rite	site	tike
coke	cope	hole	hope
hose	nope	nose	rose
poke	broke	choke	<u>th</u>ose
cute	dune	fuse	June
mule	muse	mute	puke

Other Bossy e words lesson 2

Now try reading the same Bossy e words, but this time without bolding marked.

bake	cake	date	fate
hate	lake	late	make
mate	rake	sake	take
brake	plate	shake	shape
eke	eve	demes	Crete
meme	Pete	theme	these
bike	bite	dike	fine
hike	like	lite	pike
ripe	rite	site	tike
coke	cope	hole	hope
hose	nope	nose	rose
poke	broke	choke	those
cute	dune	fuse	June
mule	muse	mute	puke

Bossy e multi-syllable lesson 1

Because **a-e** in c**a**k**e** represents a single sound, it's counted as a single vowel when separating syllables.

intake	=	in-t**a**k**e**	alpine	=	al-p**i**n**e**
encode	=	en-c**o**d**e**	diffuse	=	di-ff**u**s**e**

Now try these.

in-t**a**k**e**	un-m**a**d**e**	un-m**a**k**e**	lac-t**a**t**e**
mis-t**a**k**e**	miss-t**a**t**e**	sun-b**a**k**e**	trun-c**a**t**e**
al-p**i**n**e**	in-s**i**d**e**	in-t**i**m**e**	on-s**i**d**e**
un-l**i**k**e**	un-r**i**p**e**	dis-l**i**k**e**	rip-t**i**d**e**
en-c**o**d**e**	ex-pl**o**d**e**	im-pl**o**d**e**	in-t**o**n**e**
in-v**o**k**e**	un-r**o**b**e**	dis-r**o**b**e**	lac-t**o**s**e**
di-ff**u**s**e**	im-p**u**t**e**	un-m**u**t**e**	ob-t**u**s**e**

Bossy e multi-syllable lesson 2

Remember, because the **a-e** in **cake** represents a single sound, it's counted as a single vowel when separating syllables.

int**a**k**e**	=	in-t**a**k**e**	alp**i**n**e** = al-p**i**n**e**
enc**o**d**e**	=	en-c**o**d**e**	diff**u**s**e** = di-ff**u**s**e**

Now try reading these without syllables marked.

int**a**k**e**	unm**a**d**e**	unm**a**k**e**	lact**a**t**e**
mist**a**k**e**	misst**a**t**e**	sunb**a**k**e**	trunc**a**t**e**
alp**i**n**e**	ins**i**d**e**	int**i**m**e**	ons**i**d**e**
unl**i**k**e**	unr**i**p**e**	disl**i**k**e**	ript**i**d**e**
enc**o**d**e**	expl**o**d**e**	impl**o**d**e**	int**o**n**e**
inv**o**k**e**	unr**o**b**e**	disr**o**b**e**	lact**o**s**e**
diff**u**s**e**	imp**u**t**e**	unm**u**t**e**	obt**u**s**e**

Bossy e multi-syllable lesson 3

Remember, because **a-e** in c**ake** represents a single sound, it's counted as a single vowel when separating syllables.

intake = in-t**ake**   alpine = al-p**ine**

encode = en-c**ode**   diffuse = di-ff**use**

Now try reading these without bolding or syllables marked.

intake	unmade	unmake	lactate
mistake	misstate	sunbake	truncate
alpine	inside	intime	onside
unlike	unripe	dislike	riptide
encode	explode	implode	intone
invoke	unrobe	disrobe	lactose
diffuse	impute	unmute	obtuse

Bossy e multi-syllable + ə lesson 1

Words with Bossy **e** can also contain ə. The first vowel in all these words is ə.

a-b**a**se	=	ə-b**a**te	a-b**i**de	=	ə-b**i**de
a-b**o**de	=	ə-b**o**de	a-b**u**se	=	ə-b**u**se
e-r**o**de	=	ə-r**o**de			

Now try these.

a-b**a**se	a-b**a**te	a-g**a**te	a-m**a**ze
a-b**i**de	a-l**i**ke	a-l**i**ve	a-r**i**se
a-b**o**de	a-l**o**ne	a-n**o**de	a-r**o**se
a-t**o**ne	a-w**o**ke	a-z**o**te	a-t**o**nes
a-pp**o**se	a-b**u**se	a-c**u**te	a-cc**u**se
a-m**u**se	a-m**u**sed	a-cc**u**sed	e-l**o**pe
e-r**o**de	e-st**a**te	e-ff**u**se	e-l**o**pes

Bossy e multi-syllable + ə lesson 2

Remember, words with Bossy **e** can also contain ə.

a-b**a**se	=	ə-b**a**se	a-b**i**de	=	ə-b**i**de
a-b**o**de	=	ə-b**o**de	a-b**u**se	=	ə-b**u**se
e-r**o**de	=	ə-r**o**de			

Now try reading these without syllables marked.

ab**a**se	ab**a**te	ag**a**te	am**a**ze
ab**i**de	al**i**ke	al**i**ve	ar**i**se
ab**o**de	al**o**ne	an**o**de	ar**o**se
at**o**ne	aw**o**ke	az**o**te	at**o**nes
app**o**se	ab**u**se	ac**u**te	acc**u**se
am**u**se	am**u**sed	acc**u**sed	el**o**pe
er**o**de	est**a**te	eff**u**se	el**o**pes

Bossy e multi-syllable + ə lesson 3

Remember, words with Bossy **e** can also contain ə.

abase	=	ə-**base**	abide	=	ə-**bide**
abode	=	ə-**bode**	abuse	=	ə-**buse**
erode	=	ə-**rode**			

Now try reading these without bolding or syllables marked.

abase	abate	agate	amaze
abide	alike	alive	arise
abode	alone	anode	arose
atone	awoke	azote	atones
appose	abuse	acute	accuse
amuse	amused	accused	elope
erode	estate	effuse	elopes

Section 8
Long vowels

Teaching the a-e as in cake lesson

In the following **a-e** as in cak**e** lesson, the long vowel **a** has many different ways of being spelt. To make it perfectly clear which letters represent the long vowel **a** (and which don't), those letters have been **bolded**.

      say   **hey**   **ai**m   **eigh**t

Bolded letters also differentiate **long vowels** from short vowels, which use regular fonts.

      hat   h**a**te   batting   b**a**ting

Just sound the words out as before. Because **bolded letters** all go together to represent the long vowel **a**, they all count as a single vowel, no matter how many letters there are or how they're spelt.

    say   =   s   +   **ay**

    hey   =   h   +   **ey**

    aim   =   **ai**   +   m

    eight   =   **eigh**   +   t

Long vowel words can also be multi-syllable.

    m**a**king   pl**ay**ing   m**ai**ling   br**ea**king

Sound each syllable out to form the words.

    m**a**king = m**a** + king

    pl**ay**ing = pl**ay** + ing

    m**ai**ling = m**ai** + ling

    br**ea**king = br**ea** + king

Each new long vowel sound that students will learn consist of three individual lessons, which have been coded differently to make them easier to learn.

In lesson 1, words will be fully coded, which means that the letters that represent the long vowel **a** will be **bolded** and sy-lla-bles will be marked.

cake	**aim**	**say**	**hey**
m**a**-king	pl**ay**-ing	m**ai**-ling	br**ea**-king

In lesson 2, words are partly coded, which means that letters for the long vowel **a** will still be **bolded**, but syllables won't be marked.

c**a**ke	**ai**m	s**ay**	h**ey**
m**a**king	pl**ay**ing	m**ai**ling	br**ea**king

In lesson 3, words will be uncoded, which means there won't be any bolding or syllables marked.

cake	aim	say	hey
making	playing	mailing	breaking

In the real-world, words are a combination of different sounds and letter combinations from both the Basic and Advanced Codes and our job is to get students to be able to read them. For example, in the words h**a**ted, sh**a**ken, w**ai**ted and p**ai**nted, the last vowel (e) is pronounced ə.

In lesson 1, combination words like these will be fully coded. This means that letters which represent the long vowel **a** will be **bolded**, letters representing ə will be *italicised* and syllables will be se-pa-ra-ted.

ə	ə	ə	ə
h**a**-t*e*d	sh**a**-k*e*n	w**ai**-t*e*d	p**ai**n-t*e*d

In lesson 2, combination words will be partly coded. The long vowel **a** will be **bolded** and ə sounding letters will *italicised* but syllables won't be separated.

h**a**t*e*d	sh**a**k*e*n	w**ai**t*e*d	p**ai**nt*e*d

In lesson 3, words will be uncoded, without bolding, italicised letters or syllables marked.

hated	shaken	waited	painted

a-e as in **c**a**ke** lesson 1

c**a**k**e**	**a**t**e**	g**a**m**e**	h**a**t**e**
aim	m**ai**n	f**ai**nt	p**ai**nt
t**ai**nt	br**ai**n	gr**ai**n	spr**ai**n
d**ay**	s**ay**	pl**ay**	pr**ay**
h**ey**	gr**ey**	pr**ey**	<u>th</u>**ey**
eight	w**eigh**	w**eigh**t	str**aigh**t
br**ea**k	gr**ea**t	r**ei**n	v**ei**n

Multi-syllable

m**a**-king	t**a**-king	pl**ay**-ing	Sun-d**ay**
m**ai**-ling	s**ai**-ling	p**ai**n-ting	br**ea**-king
w**eigh**-ing	gr**ey**-ing	in-t**a**k**e**	mis-t**a**k**e**
c**a**-f**é**	sun-d**ae**	b**a**k**e**-shop	mis-t**a**-king

Combinations

| h**a**-t**ə**d | sh**a**-k**ə**n | w**ai**-t**ə**d | p**ai**n-t**ə**d |

a-e as in c**a**k**e** lesson 2

c**a**k**e**	**a**t**e**	g**a**m**e**	h**a**t**e**
aim	m**ai**n	f**ai**nt	p**ai**nt
t**ai**nt	br**ai**n	gr**ai**n	spr**ai**n
d**ay**	s**ay**	pl**ay**	pr**ay**
h**ey**	gr**ey**	pr**ey**	<u>th</u>**ey**
eight	w**eigh**	w**eigh**t	str**aigh**t
br**ea**k	gr**ea**t	r**ei**n	v**ei**n

Multi-syllable

m**a**k**ing**	t**a**k**ing**	pl**ay**ing	Sund**ay**
m**ai**ling	s**ai**ling	p**ai**nting	br**ea**king
w**eigh**ing	gr**ey**ing	int**a**k**e**	mist**a**k**e**
caf**é**	sund**ae**	b**a**k**e**shop	mist**a**k**ing**

Combinations

| h**a**t**e**d | sh**a**k**e**n | w**ai**ted | p**ai**nted |

a-e as in cake lesson 3

cake	ate	game	hate
aim	main	faint	paint
taint	brain	grain	sprain
day	say	play	pray
hey	grey	prey	they
eight	weigh	weight	straight
break	great	rein	vein

Multi-syllable

making	taking	playing	Sunday
mailing	sailing	painting	breaking
weighing	greying	intake	mistake
café	sundae	bakeshop	mistaking

Combinations

hated	shaken	waited	painted

Teaching the ee as in feet and other long vowel lessons

In the next **ee** as in f**ee**t lesson, letters for the long vowel **e** have been **bolded**. Remember, **bolded letters** count as a single vowel.

    f**ee**t   ev**e**   k**ey**   b**e**

Words can be multi-syllable too.

    happ**y**   coff**ee**   loll**ies**   r**ea**ding

Once again, there are three different lessons. In lesson 1, words are fully coded. Letters for the long vowel **e** have been **bolded** and sy-lla-bles have been marked.

    f**ee**t   ev**e**   k**ey**   b**e**

    ha-pp**y**   co-ff**ee**   lo-ll**ies**   r**ea**-ding

In lesson 2, letters for the long vowel **e** are once again **bolded** but syllables haven't been marked.

    f**ee**t   ev**e**   k**ey**   b**e**

    happ**y**   coff**ee**   loll**ies**   r**ea**ding

In lesson 3, words are uncoded.

    feet   eve   key   be

    happy   coffee   lollies   reading

As we know, many words are obviously a combination of all the different phonemes and graphemes from the Basic and Advanced Codes. For example, in the a-e as in cake lesson, we learnt some combination words for the long vowel **a** which also contain ə. In this lesson, while we are learning the long vowel **e**, we will also be reviewing the long vowel **a** by reading words that are combinations of both sounds. When we learn the long vowel **i**, we will also review the long vowels **a** and **e**. When we learn the long vowel **o**, we will also review the long vowels **a**, **e** and **i**, and so on. We will also continue learning words that are a combination of each long vowel and ə. In lesson 1, combination words will be fully coded.

      a-e   a-e   a-e   a-e

l*a*-d*y*   d*ai*-l*y*   m*ay*-b**e**   de-l*ay*

In lesson 2, combination words will be partly coded.

l*a*dy   d*ai*ly   m*ay*be   del*ay*

In lesson 3, they will be uncoded.

lady   daily   maybe   delay

When we learn the long vowel **i-e** lesson 1, the letters for the **long vowel i** will be **bolded**, and letters for *the long vowels a* and *e* will be *italicised*.

      a-e   a-e   ee   ee

F**ri**-d*ay*   f**ri**ed-c*ake*   Ch**i**-n*ese*   m**igh**-t*y*

When we learn the long vowel **o-e** lesson 1, the letters for the long vowel **o** will be **bolded** and letters for *the long vowels a, e* and *i* will all be *italicised*:

       ee   ee   ee   a-e ee

n**o**-s*y*   l**ow**-l*y*   h**o**m*e*-l*y*   r*a*-d*i*-**o**

In the long vowel **u** lesson 1, letters for the long vowel **u** will be **bolded,** and the letters for *the long vowels a, e, i* and *o* will be *italicised*:

      a-e   ee   i-e   o-e

T**ue**s-d*ay*   b**eau**-t*y*   **u**-n*ite*   **eu**-r*o*

Make sure to help students see the way the Alphabetic Code overlaps! For example, the grapheme **ey** can be pronounced as the long vowel sound **ee** in the word k**ey**, but also as the long vowel **a** as in c**a**k**e** in the word gr**ey**. The grapheme **ea** can also be the long vowel **e** in the word **ea**t as well as the long vowel **a** in the word br**ea**k. Later on, we will also learn that it can be the short vowel e as in egg in the word h**ea**d. These are just a few of the many ways that the written code overlaps.

Try getting students to code the words with a pencil if they can!

ee as in f**ee**t lesson 1

f**ee**t	b**ee**	w**ee**k	gr**ee**n
b**e**	h**e**	m**e**	sh**e**
eat	**ea**st	t**ea**	t**ea**m
ev**e**	m**e**m**e**	th**e**m**e**	th<u>e</u>s**e**
k**ey**	pr**ie**st	ch**ie**f	th**ie**f

Multi-syllable

ha-pp**y**	fu-nn**y**	lo-ll**y**	so-rr**y**
co-ff**ee**	lo-ll**ie**s	com-p**e**t**e**	r**ea**-ding
pl**ea**-ding	t**e**-p**ee**	n**ee**-dy	t**ee**-ny
cr**ee**-py	cr**ea**-my	dr**ea**-my	sl**ee**-py
st**ea**-my	re-p**ea**t	w**ee**-n**ie**	lo-lli-pop

Combinations

a-e	a-e	a-e	a-e
l*a*-d**y**	l*a*-z**y**	cr*a*-z**y**	sh*a*-k**y**
a-e	a-e	a-e	a-e
d*ai*-l**y**	*eigh*-t**y**	m*ay*-b**e**	de-l*ay*
ə	ə	ə	ə
nee-d*e*n	**plea**-d*e*d	**wea**-k*e*n	**swee**-t*e*n

73

ee as in feet lesson 2

feet	bee	week	green
be	he	me	she
eat	east	tea	team
eve	meme	theme	these
key	priest	chief	thief

Multi-syllable

happy	funny	lolly	sorry
coffee	lollies	compete	reading
pleading	tepee	needy	teeny
creepy	creamy	dreamy	sleepy
steamy	repeat	weenie	lollipop

Combinations

lady	lazy	crazy	shaky
daily	eighty	maybe	delay
needed	pleaded	weaken	sweeten

ee as in feet lesson 3

feet	bee	week	green
be	he	me	she
eat	east	tea	team
eve	meme	theme	these
key	priest	chief	thief

Multi-syllable

happy	funny	lolly	sorry
coffee	lollies	compete	reading
pleading	tepee	needy	teeny
creepy	creamy	dreamy	sleepy
steamy	repeat	weenie	lollipop

Combinations

lady	lazy	crazy	shaky
daily	eighty	maybe	delay
needed	pleaded	weaken	sweeten

i-e as in k**i**t**e** lesson 1

k**i**t**e**	b**i**k**e**	f**i**v**e**	l**i**k**e**
I	**I**'m	h**i**	f**i**nd
b**y**	m**y**	cr**y**	dr**y**
fl**y**	sp**y**	tr**y**	sh**y**
l**ie**	p**ie**	t**ie**	cr**ie**d
cr**ie**s	fr**ie**s	h**y**p**e**	t**y**p**e**
h**igh**	s**igh**	f**igh**t	l**igh**t
r**igh**t	t**igh**t	fr**igh**t	sl**igh**t
b**uy**	g**uy**	b**ye**	**eye**

Multi-syllable

b**uy**-ing	f**igh**-ting	cr**y**-ing	fl**y**-ing
pr**y**-ing	tr**y**-ing	sm**i**-ling	ch**i**ld-l**i**k**e**

Combinations

a-e	a-e	a-e	ee
Fr**i**-d*ay*	h**igh**-w*ay*	fr**ie**d-c*ak*e	Ch**i**-n*ese*
ee	ee	ee	ee
m**igh**-t*y*	sl**igh**t-l*y*	r*e*-fr**ie**d	r*e*-pl**ie**d
ə	ə	ə	ə
s**i**-d*e*d	m**i**n-d*e*d	l**igh**-t*e*n	t**igh**-t*e*n

i-e as in kite lesson 2

kite	bike	five	like
I	I'm	hi	find
by	my	cry	dry
fly	spy	try	shy
lie	pie	tie	cried
cries	fries	hype	type
high	sigh	fight	light
right	tight	fright	slight
buy	guy	bye	eye

Multi-syllable

buying	fighting	crying	flying
prying	trying	smiling	childlike

Combinations

Friday	highway	friedcake	Chinese
mighty	slightly	refried	replied
sided	minded	lighten	tighten

i-e as in kite lesson 3

kite	bike	five	like
I	I'm	hi	find
by	my	cry	dry
fly	spy	try	shy
lie	pie	tie	cried
cries	fries	hype	type
high	sigh	fight	light
right	tight	fright	slight
buy	guy	bye	eye

Multi-syllable

| buying | fighting | crying | flying |
| prying | trying | smiling | childlike |

Combinations

Friday	highway	friedcake	Chinese
mighty	slightly	refried	replied
sided	minded	lighten	tighten

o-e as in bone lesson 1

bone	cone	note	poke
stole	stone	those	old
go	no	so	gold
mold	most	post	sold
boat	goat	load	loaf
moat	road	boast	roast
own	low	flow	glow
flown	grown	shown	throw
toe	goes	dough	though

Multi-syllable

| he-llo | mol-ding | boa-ting | loa-ding |
| loa-fing | grow-ing | win-dow | toe-hold |

Combinations

| ee | ee | ee | ee |
| bo-ny | no-sy | low-ly | home-ly |

| a-e ee | ee | ee | ee |
| ra-di-o | ro-de-o | vi-de-o | home-bo-dy |

| ə | ə | ə | ə |
| no-ted | bol-ded | loa-ded | toas-ted |

o-e as in bone lesson 2

bone	cone	note	poke
stole	stone	those	old
go	no	so	gold
mold	most	post	sold
boat	goat	load	loaf
moat	road	boast	roast
own	low	flow	glow
flown	grown	shown	throw
toe	goes	dough	though

Multi-syllable

hello	molding	boating	loading
loafing	growing	window	toehold

Combinations

bony	nosy	lowly	homely
radio	rodeo	video	homebody
noted	bolded	loaded	toasted

o-e as in bone lesson 3

bone	cone	note	poke
stole	stone	those	old
go	no	so	gold
mold	most	post	sold
boat	goat	load	loaf
moat	road	boast	roast
own	low	flow	glow
flown	grown	shown	throw
toe	goes	dough	though

Multi-syllable

hello	molding	boating	loading
loafing	growing	window	toehold

Combinations

bony	nosy	lowly	homely
radio	rodeo	video	homebody
noted	bolded	loaded	toasted

u-e as in cube lesson 1

cube	use	ute	cute
duke	dune	dupe	fuse
June	mule	muse	mute
puke	tune	dew	few
hew	new	pew	stew
cue	due	duel	fuel
you	ewe	view	feud

Multi-syllable

| pu-king | mu-sic | due-ling | Ma-thew |
| va-cuum | news-flash | con-ti-nue | con-ti-nu-ing |

Combinations

| i-e | o-e | ee | ee |
| u-n*ite* | eu-r*o* | beau-t*y* | cute-s*y* |

| ee | ee | ee | ee |
| du-t*y* | r*e*-view | new-b*ie* | news-b*ea*t |

| ee | ee | ee | a-e |
| d*e*-fuse | r*e*-fuse | r*e*-fute | Tues-d*ay* |

| ee | ee | ee | ee ee |
| d*e*-fu-sing | r*e*-fu-sing | r*e*-fu-ting | news-w*ee*-kl*y* |

| ə | ə | ee ə | i-e ə |
| fu*e*-d*e*d | new-n*e*ss | r*e*-fu-t*e*d | u-n*i*-t*e*d |

u-e as in cube lesson 2

cube	use	ute	cute
duke	dune	dupe	fuse
June	mule	muse	mute
puke	tune	dew	few
hew	new	pew	stew
cue	due	duel	fuel
you	ewe	view	feud

Multi-syllable

| puking | music | dueling | Mathew |
| vacuum | newsflash | continue | continuing |

Combinations

unite	euro	beauty	cutesy
duty	review	newbie	newsbeat
defuse	refuse	refute	Tuesday
defusing	refusing	refuting	newsweekly
fueded	newness	refuted	united

u-e as in cube lesson 3

cube	use	ute	cute
duke	dune	dupe	fuse
June	mule	muse	mute
puke	tune	dew	few
hew	new	pew	stew
cue	due	duel	fuel
you	ewe	view	feud

Multi-syllable

puking	music	dueling	Mathew
vacuum	newsflash	continue	continuing

Combinations

unite	euro	beauty	cutesy
duty	review	newbie	newsbeat
defuse	refuse	refute	Tuesday
defusing	refusing	refuting	newsweekly
feuded	newness	refuted	united

Section 9
Diphthongs

Diphthongs

Diphthongs are often referred to as a gliding vowel because they're a combination of two adjacent vowel sounds within the same syllable.

Once again, each sound we learn has three lessons that are coded, partly coded and uncoded. Each lesson will also have single-syllable, multiple-syllable and combination words. In the first lesson, we're going to learn the diphthong **or**. Read the words as before, building words up sound by sound.

$$f + \mathbf{or} = \mathbf{for} + k = \mathbf{for}k$$

Read multi-syllable words by sounding out each syllable together.

$$\mathbf{for} + get = \mathbf{for}\text{-}get$$

You might be inclined to separate the syllables in the word boring as:

bor-ing

But that would be a mistake! When diphthongs are followed by another vowel, whether it's a short or long vowel, another diphthong, or even ə (schwa), the syllable usually falls within the diphthong itself. So, it's actually pronounced:

bo ... ring

To make this clear, we will separate the syllable in the middle of the diphthong.

bo-ring　　　sto-ry　　　sto-ries　　　sto-ry-line

The same thing happens for other diphthongs.

po-wer　　　sca-ry　　　se-ries　　　ca-te-ring

Words such as **a**sk, f**a**st, l**a**st and p**a**st are spoken with the diphthong **ar** as in c**ar** in British English. If you are teaching North American English, where those words are spoken with the short vowel a as in ant, it's not a problem, just let your students know the difference. Because we are teaching decoding, the most important thing is that students can sound the words out regardless of which English you prefer.

or as in f**or**k lesson 1

or	c**or**n	f**or**k	p**or**k
all	b**all**	c**all**	sm**all**
b**ore**	m**ore**	s**ore**	w**ore**
f**our**	p**our**	y**our**	f**our**th
s**aw**	f**awn**	l**awn**	y**awn**
d**oor**	m**oor**	p**oor**	fl**oor**
ought	b**ough**t	f**ough**t	th**ough**t
w**ar**	w**ar**m	t**al**k	w**al**k
m**au**l	b**oa**rd	br**oa**d	c**augh**t

Multi-syllable

m**or**-ning	t**al**-king	w**ar**-ning	h**au**n-ting
f**aw**-ning	b**o**-ring	p**ou**-ring	fl**oo**-ring

Combinations

o-e	i-e	ee	ee
al-s*o*	p**or**k-p*ie*	n**augh**-t*y*	b*e*-f**ore**

ee	ee	ee i-e	i-e
st**o**-r*y*	st**o**-r*ie*s	st**o**-r*y*-l*i*n*e*	st**ore**-w*i*d*e*

ə	ə	ə	ə
s**or**-t*e*d	b**oa**r-d*e*d	d**au**n-t*e*d	h**au**n-t*e*d

or as in fork lesson 2

or	corn	fork	pork
all	ball	call	small
bore	more	sore	wore
four	pour	your	fourth
saw	fawn	lawn	yawn
door	moor	poor	floor
ought	bought	fought	thought
war	warm	talk	walk
maul	board	broad	caught

Multi-syllable

| morning | talking | warning | haunting |
| fawning | boring | pouring | flooring |

Combinations

also	porkpie	naughty	before
story	stories	storyline	storewide
sorted	boarded	daunted	haunted

or as in fork lesson 3

or	corn	fork	pork
all	ball	call	small
bore	more	sore	wore
four	pour	your	fourth
saw	fawn	lawn	yawn
door	moor	poor	floor
ought	bought	fought	thought
war	warm	talk	walk
maul	board	broad	caught

Multi-syllable

| morning | talking | warning | haunting |
| fawning | boring | pouring | flooring |

Combinations

also	porkpie	naughty	before
story	stories	storyline	storewide
sorted	boarded	daunted	haunted

ir as in bird lesson 1

b**ir**d	f**ir**st	g**ir**l	fl**ir**t
h**er**	n**er**d	w**ere**	b**ur**n
b**ur**p	h**ur**t	t**ur**n	b**ur**st
w**or**d	w**or**k	w**or**ld	w**or**st
earn	h**ear**d	l**ear**n	s**ear**ch

Multi-syllable

e-v**er**	en-t**er**	ne-v**er**	bi-gg**er**
ac-t**or**	doc-t**or**	fac-t**or**	trac-t**or**
cus-t**ard**	lan-y**ard**	mus-t**ard**	stan-d**ard**
per-fect	**lear**-ning	m**ur**-der	s**ur**-fer

Combinations

i-e	i-e	i-e	i-e
d*i*-**re**	f*i*-**re**	s*i*-**re**	t*i*-**re**

ee	a-e	a-e	ee
ear-l*y*	b*a*-k**er**	l*a*-t**er**	m*e*-t**er**

ee	o-e	or	or
t*ea*-ch**er**	*o*-v**er**	**or**-der	sh**or**-ter

a-e	o-e	o-e	ee
Sa-**tur**-d*ay*	N*o*-vem-b**er**	Oc-t*o*-b**er**	pre-ten-d**er**

ə	ə	ə	ə
flir-t*e*d	bur-st*e*d	wor-d*e*d	per-fec-t*e*d

90

ir as in bird lesson 2

bird	first	girl	flirt
her	nerd	were	burn
burp	hurt	turn	burst
word	work	world	worst
earn	heard	learn	search

Multi-syllable

ever	enter	never	bigger
actor	doctor	factor	tractor
custard	lanyard	mustard	standard
perfect	learning	murder	surfer

Combinations

dire	fire	sire	tire
early	baker	later	meter
teacher	over	order	shorter
Saturday	November	October	pretender
flirted	bursted	worded	perfected

ir as in bird lesson 3

bird	first	girl	flirt
her	nerd	were	burn
burp	hurt	turn	burst
word	work	world	worst
earn	heard	learn	search

Multi-syllable

ever	enter	never	bigger
actor	doctor	factor	tractor
custard	lanyard	mustard	standard
perfect	learning	murder	surfer

Combinations

dire	fire	sire	tire
early	baker	later	meter
teacher	over	order	shorter
Saturday	November	October	pretender
flirted	bursted	worded	perfected

ar as in **car** lesson 1

car	**ar**m	**ar**t	h**ar**d
h**ar**m	p**ar**k	p**ar**t	sm**ar**t
ask	f**a**st	l**a**st	p**a**st
v**a**st	b**a**th	bl**a**st	cr**a**ft
c**a**n't	**are**	h**a**lf	**au**nt

Multi-syllable

arm-rest	b**ar**-king	d**ar**-ling	d**ar**-ting
g**ar**-nish	m**ar**-king	p**ar**-king	sm**ar**-ting
h**ar**d-hat	h**ar**d-ship	ba-z**aar**	bi-**z**arre

Combinations

ee	ee	ee	ee
aun-t*y*	**ar**-m*y*	t**ar**-d*y*	cr**a**ft-t*y*

ir	ir	ir	ir
af-t*er*	f**a**-th*er*	f**a**-st*er*	m**a**-st*er*

ir	ir	ir	ir
b**ar**-t*er*	f**ar**-m*er*	m**ar**-k*er*	sm**ar**-t*er*

a-e	i-e	o-e	ee
h**a**lf-w*ay*	h**a**lf-t*ime*	h**a**lf-t*one*	h**a**lf-pe-nn*y*

ir	ir a-e	ir i-e	ir
b**ar**-ten-d*er*	**a**f-t*er*-sh*ave*	**a**f-t*er*-l*ife*	m**a**-st*er*-class

ə	ə	ə	ə
f**a**-st*e*d	l**a**-st*e*d	d**ar**-t*e*d	p**ar**-t*e*d

ar as in car lesson 2

car	arm	art	hard
harm	park	part	smart
ask	fast	last	past
vast	bath	blast	craft
can't	are	half	aunt

Multi-syllable

armrest	barking	darling	darting
garnish	marking	parking	smarting
hardhat	hardship	bazaar	bizarre

Combinations

aunty	army	tardy	crafty
after	father	faster	master
barter	farmer	marker	smarter
halfway	halftime	halftone	halfpenny
bartender	aftershave	afterlife	masterclass
fasted	lasted	darted	parted

ar as in car lesson 3

car	arm	art	hard
harm	park	part	smart
ask	fast	last	past
vast	bath	blast	craft
can't	are	half	aunt

Multi-syllable

armrest	barking	darling	darting
garnish	marking	parking	smarting
hardhat	hardship	bazaar	bizarre

Combinations

aunty	army	tardy	crafty
after	father	faster	master
barter	farmer	marker	smarter
halfway	halftime	halftone	halfpenny
bartender	aftershave	afterlife	masterclass
fasted	lasted	darted	parted

ow as in cow lesson 1

cow	owl	how	now
wow	down	gown	town
brow	brown	crowd	crown
out	loud	lout	pout
mouth	noun	tout	count
couch	found	round	sound
crouch	proud	plough	drought

Multi-syllable

wi-thout	coun-ting	foun-ding	soun-ding
shou-ting	crow-ding	crow-ning	drow-ning
roun-ding	soun-ding	crou-ching	plough-ing

Combination words

ir	ir	ir	ir
co-wer	po-wer	to-wer	flo-wer
ee	ir	ir	ir
brow-nies	ho-we-ver	co-we-ring	flo-we-ring
ow ir	ow ir	ow ir	ow ir ee
o-ur (o-wer)	so-ur (so-wer)	ho-ur (o-wer)	ho-ur-ly (o-wer-ly)
ə	ə	ə	ə
coun-ted	foun-ded	soun-ded	shou-ted

ow as in cow lesson 2

cow	owl	how	now
wow	down	gown	town
brow	brown	crowd	crown
out	loud	lout	pout
mouth	noun	tout	count
couch	found	round	sound
crouch	proud	plough	drought

Multi-syllable

without	counting	founding	sounding
shouting	crowding	crowning	drowning
rounding	sounding	crouching	ploughing

Combinations

cower	power	tower	flower
brownies	however	cowering	flowering
our	sour	hour	hourly
counted	founded	sounded	shouted

ow as in cow lesson 3

cow	owl	how	now
wow	down	gown	town
brow	brown	crowd	crown
out	loud	lout	pout
mouth	noun	tout	count
couch	found	round	sound
crouch	proud	plough	drought

Multi-syllable

without	counting	founding	sounding
shouting	crowding	crowning	drowning
rounding	sounding	crouching	ploughing

Combinations

cower	power	tower	flower
brownies	however	cowering	flowering
our	sour	hour	hourly
counted	founded	sounded	shouted

oo as in moon lesson 1

m**oo**n	t**oo**	z**oo**	b**oo**t
c**oo**l	f**oo**d	h**oo**p	l**oo**p
n**oo**n	r**oo**f	s**oo**n	bl**oo**m
sh**oo**t	t**oo**th	d**o**	t**o**
s**ou**p	gr**ou**p	s**ui**t	fr**ui**t
cr**ew**	dr**ew**	fl**ew**	sl**ew**
bl**ue**	cl**ue**	gl**ue**	tr**ue**
sh**oe**s	tw**o**	tr**u**th	thr**ough**

Multi-syllable

m**o**-ving	gl**u**-ing	b**oo**-ting	f**oo**-ling
f**oo**-lish	s**oo**-thing	gr**oo**-ving	gr**ou**-ping

Combination words

a-e	i-e	ir	ar
h**oo**-r*ay*	m**oo**n-l*igh*t	r**oo**-st*er*	c*a*r-t**oo**n

ee	i-e	ee	ir
m**o**-v*ie*	t**o**-n*igh*t	s**u**-pr*e*me	s**u**-p*er*

ir	ow	ir	ar ir
cr**ui**-s*er*	thr**ough**-*ou*t	t**o**-ge-th*er*	*a*f-t*er*-n**oo**n

ə	ə	ə	ə
b**oo**-t*e*d	l**oo**-t*e*d	p**oo**-t*e*d	sc**oo**-t*e*d

oo as in m**oo**n lesson 2

m**oo**n	t**oo**	z**oo**	b**oo**t
c**oo**l	f**oo**d	h**oo**p	l**oo**p
n**oo**n	r**oo**f	s**oo**n	bl**oo**m
sh**oo**t	t**oo**th	d**o**	t**o**
s**ou**p	gr**ou**p	s**ui**t	fr**ui**t
cr**ew**	dr**ew**	fl**ew**	sl**ew**
bl**ue**	cl**ue**	gl**ue**	tr**ue**
sh**oe**s	tw**o**	tr**u**th	thr**ough**

Multi-syllable

m**o**ving	gl**u**ing	b**oo**ting	f**oo**ling
f**oo**lish	s**oo**thing	gr**oo**ving	gr**ou**ping

Combination words

h**oo**r*ay*	m**oo**nl*igh*t	r**oo**st*er*	c*ar*t**oo**n
m**o**v*ie*	t**o**n*igh*t	s**u**pr*e*m*e*	s**u**p*er*
cr**ui**s*er*	thr**ough**o*u*t	t**o**g*e*th*er*	*a*ft*er*n**oo**n
b**oo**t*ed*	l**oo**t*ed*	p**oo**t*ed*	sc**oo**t*ed*

oo as in moon lesson 3

moon	too	zoo	boot
cool	food	hoop	loop
noon	roof	soon	bloom
shoot	tooth	do	to
soup	group	suit	fruit
crew	drew	flew	slew
blue	clue	glue	true
shoes	two	truth	through

Multi-syllable

moving	gluing	booting	fooling
foolish	soothing	grooving	grouping

Combination words

hooray	moonlight	rooster	cartoon
movie	tonight	supreme	super
cruiser	throughout	together	afternoon
booted	looted	pooted	scooted

oo as in book lesson 1

book	cook	foot	hood
hook	good	look	poof
soot	took	wood	woof
brook	crook	stood	shook
bull	full	put	bush
push	could	would	should

Multi-syllable

boo-kend	book-rest	coo-king	loo-king
cook-top	cook-book	pu-dding	pu-shing
wood-wind	wood-chuck	wood-block	mis-took

Combinations

| ee | ee | ee | ee |
| fu-lly | cu-shy | mu-shy | pu-shy |

| ee | ee | ee | ee |
| boo-kie | coo-kie | roo-kie | foot-sie |

| ir | ir | ir | ir |
| hoo-ker | loo-ker | woo-fer | woof-ter |

| a-e | ar | ow | ir |
| book-case | book-mark | loo-kout | wood-pe-cker |

| ə | ə | ə | ə |
| hoo-ded | soo-ted | woo-ded | croo-ked |

oo as in book lesson 2

book	cook	foot	hood
hook	good	look	poof
soot	took	wood	woof
brook	crook	stood	shook
bull	full	put	bush
push	could	would	should

Multi-syllable

bookend	bookrest	cooking	looking
cooktop	cookbook	pudding	pushing
woodwind	woodchuck	woodblock	mistook

Combinations

fully	cushy	mushy	pushy
bookie	cookie	rookie	footsie
hooker	looker	woofer	woofter
bookcase	bookmark	lookout	woodpecker
hooded	sooted	wooded	crooked

oo as in book lesson 3

book	cook	foot	hood
hook	good	look	poof
soot	took	wood	woof
brook	crook	stood	shook
bull	full	put	bush
push	could	would	should

Multi-syllable

bookend	bookrest	cooking	looking
cooktop	cookbook	pudding	pushing
woodwind	woodchuck	woodblock	mistook

Combinations

fully	cushy	mushy	pushy
bookie	cookie	rookie	footsie
hooker	looker	woofer	woofter
bookcase	bookmark	lookout	woodpecker
hooded	sooted	wooded	crooked

oy as in **toy** lesson 1

t**oy**	b**oy**	h**oy**	j**oy**
R**oy**	s**oy**	t**oy**	pl**oy**
Tr**oy**	**oi**nk	b**oi**nk	h**oi**st
j**oi**nt	j**oi**st	p**oi**nt	b**uoy**

Multi-syllable

oi-ling	**oi**n-king	b**oi**-ling	c**oi**-ling
s**oi**-ling	t**oi**-ling	h**oi**-sting	j**oi**-sting
p**oi**n-ting	sp**oi**-ling	en-j**oy**	b**oy**-ish
t**oy**-ing	b**oy**-cott	j**oy**-pop	j**oy**-stick
em-pl**oy**	enj**o-y**ing	em-pl**o-y**ing	b**oy**-co-tting

Combinations

| ee | ee | ir | ir |
| **oi**-l*y* | d**oi**-l*y* | **oi**-l*er* | b**oi**-l*er* |

| ir | ir | ir | ir |
| p**oi**-s*er* | p**oi**n-t*er* | sp**oi**-l*er* | **oy**-st*er* |

| ee | i-e | i-e | i-e ir |
| s**oy**-b*ea*n | j**oy**-r*i*de | j**oy**-r*i*-ding | j**oy**-r*i*-d*er* |

| ee | ir | ir a-e | ir a-e ir |
| em-pl**o-y***ee* | em-pl**o-y***er* | b**oi**-l*er*-pl*a*te | b**oi**-l*er*-m*a*-k*er* |

| ə | ə | ə | ə |
| p**oi**-s*o*n | j**oi**n-t*e*d | p**oi**n-t*e*d | b**oy**-co-tt*e*d |

oy as in toy lesson 2

toy	boy	hoy	joy
Roy	soy	toy	ploy
Troy	oink	boink	hoist
joint	joist	point	buoy

Multi-syllable

oiling	oinking	boiling	coiling
soiling	toiling	hoisting	joisting
pointing	spoiling	enjoy	boyish
toying	boycott	joypop	joystick
employ	enjoying	employing	boycotting

Combinations

oily	doily	oiler	boiler
poiser	pointer	spoiler	oyster
soybean	joyride	joyriding	joyrider
employee	employer	boilerplate	boilermaker
poison	jointed	pointed	boycotted

oy as in toy lesson 3

toy	boy	hoy	joy
Roy	soy	toy	ploy
Troy	oink	boink	hoist
joint	joist	point	buoy

Multi-syllable

oiling	oinking	boiling	coiling
soiling	toiling	hoisting	joisting
pointing	spoiling	enjoy	boyish
toying	boycott	joypop	joystick
employ	enjoying	employing	boycotting

Combinations

oily	doily	oiler	boiler
poiser	pointer	spoiler	oyster
soybean	joyride	joyriding	joyrider
employee	employer	boilerplate	boilermaker
poison	jointed	pointed	boycotted

air as in chair lesson 1

air	f**air**	h**air**	l**air**
p**air**	fl**air**	st**air**	ch**air**
b**are**	c**are**	d**are**	h**are**
p**are**	r**are**	sc**are**	sp**are**
b**ear**	p**ear**	t**ear**	w**ear**
<u>th</u>**eir**	<u>th</u>**ere**	<u>th</u>**ey're**	Cl**aire**

Multi-syllable

un-f**air**	ch**air**-lift	b**are**-back	b**are**-hand
c**a**-**r**ing	d**a**-**r**ing	f**ai**-**r**ing	w**ea**-**r**ing

Combinations

ai-r*y* (ee)	M**a**-r*y* (ee)	w**a**-r*y* (ee)	w**ea**-r*y* (ee)
sc**a**-r*y* (ee)	v**a**-r*i*ed (ee)	d*e*-cl**are** (ee)	pr*e*-p**are** (ee)
r*e*-p**air** (ee)	**air**-p*o*rt (or)	**air**-pl*ane* (a-e)	st**air**-w*ay* (a-e)
<u>th</u>**ere**-f*ore* (or)	c**are**-gi-v*er* (ir)	c**are**-t*a*-k*er* (a-e, ir)	pre-m*i*-**ere** (ee)
ae-r*o*-bics (o-e)	**ae**-r*o*-ba-tic (o-e)	Ja-n*u*-**a**-r*y* (u-e, ee)	v*o*-ca-b*u*-la-r*y* (o-e, u-e, ee)
air-l*e*ss (ə)	**air**-m*e*n (ə)	**air**-w*o*-m*a*n (oo, ə)	b**are**-han-d*e*d (ə)

air as in ch**air** lesson 2

air	f**air**	h**air**	l**air**
p**air**	fl**air**	st**air**	ch**air**
b**are**	c**are**	d**are**	h**are**
p**are**	r**are**	sc**are**	sp**are**
b**ear**	p**ear**	t**ear**	w**ear**
<u>th</u>**eir**	<u>th</u>**ere**	<u>th</u>**ey're**	Cl**aire**

Multi-syllable

| unf**air** | ch**air**lift | b**are**back | b**are**hand |
| c**ar**ing | d**ar**ing | f**air**ing | w**ear**ing |

Combinations

airy	M**ar**y	w**ar**y	we**ar**y
sc**ar**y	v**ar**ied	decl**are**	prep**are**
rep**air**	**air**p*o*rt	**air**pl*a*ne	st**air**w*a*y
<u>th</u>**ere**f*o*re	c**are**giv*er*	c**are**t*a*ker	prem*i*ere
aerobics	**aer**obatic	Jan*ua*ry	v*o*cab*u*l**ar**y
airless	**air**men	**air**w*o*m*a*n	b**are**hand*e*d

air as in chair lesson 3

air	fair	hair	lair
pair	flair	stair	chair
bare	care	dare	hare
pare	rare	scare	spare
bear	pear	tear	wear
their	there	they're	Claire

Multi-syllable

| unfair | chairlift | bareback | barehand |
| caring | daring | fairing | wearing |

Combinations

airy	Mary	wary	weary
scary	varied	declare	prepare
repair	airport	airplane	stairway
therefore	caregiver	caretaker	premiere
aerobics	aerobatic	January	vocabulary
airless	airmen	airwoman	barehanded

ear as in ear lesson 1

ear	dear	fear	gear
hear	near	rear	sear
tear	clear	shear	deer
leer	peer	veer	cheer
steer	here	mere	pier

Multi-syllable

| ear-ring | fea-ring | hea-ring | nea-ring |
| sea-ring | pee-ring | stee-ring | ca-shier |

Combinations

| o-e | a-e | a-e | a-e |
| ear-hole | hear-say | clear-way | tear-stain |

| ee | ee | ee | ee |
| dear-ly | near-ly | clear-ly | mere-ly |

| ee | i-e | i-e | i-e |
| clear-weed | near-by | near-side | i-dea |

| ee | ee | ee | ee |
| ee-rie | se-ries | dea-rie | drea-ry |

| ir | ir | ir | ir |
| hea-rer | nea-rer | tea-rer | clea-rer |

| ir | ee | ir   ir | or ee |
| stee-rer | theo-ry | tear-jer-ker | clear-sto-ry |

| ə | ə | ə | ə |
| ear-ful | tear-ful | bear-ded | beard-less |

ear as in ear lesson 2

ear	dear	fear	gear
hear	near	rear	sear
tear	clear	shear	deer
leer	peer	veer	cheer
steer	here	mere	pier

Multi-syllable

| earring | fearing | hearing | nearing |
| searing | peering | steering | cashier |

Combinations

earhole	hearsay	clearway	tearstain
dearly	nearly	clearly	merely
clearweed	nearby	nearside	idea
eerie	dearie	series	dreary
hearer	nearer	tearer	clearer
steerer	theory	tearjerker	clearstory
earful	tearful	bearded	beardless

ear as in ear lesson 3

ear	dear	fear	gear
hear	near	rear	sear
tear	clear	shear	deer
leer	peer	veer	cheer
steer	here	mere	pier

Multi-syllable

| earring | fearing | hearing | nearing |
| searing | peering | steering | cashier |

Combinations

earhole	hearsay	clearway	tearstain
dearly	nearly	clearly	merely
clearweed	nearby	nearside	idea
eerie	dearie	series	dreary
hearer	nearer	tearer	clearer
steerer	theory	tearjerker	clearstory
earful	tearful	bearded	beardless

Section 10
Schwa & shy letters

ə as in al*a*rm lesson 1

A common vowel sound, schwa (ə), also has many different ways of being spelt. In words like 'isn't', 'mail' and 'oil', you can hear schwa, though you can't see it.

th**e**	**a** dog	**a**-dapt	**a**-ddress
a-e	i-e	u-e	u-e
a-w*ay*	**a**-l*ike*	**a**-b*u*se	**a**-c*u*te
or	ar	ow	oy
a-ff*or*d	**a**-l*ar*m	**a**-b*ou*t	**a**-nn*oy*
o-e	i-e		ee
s*o*-f**a**	Ch*i*-n**a**	A-fri-c**a**	In-d*i*-**a**
	ar		
an-te-nn**a**	ba-n*a*-n**a**	Ca-na-da	um-bre-ll**a**
	ee ir	ir	u-e
men-t**a**l	*e*-t*er*-n**a**l	in-t*er*-n**a**l	m*u*-si-c**a**l
se-v**e**n	dus-t**e**d	res-t**e**d	pro-bl**e**m
ee	o-e	o-e	o-e
e-v**e**n	b*o*l-d**e**d	br*o*-k**e**n	sp*o*-k**e**n
o-e	u-e	a-e	a-e
st*o*-l**e**n	st*u*-d**e**nt	*A*-pr**i**l	com-pli-c*a*-t**e**d
			ar
ca-rr**o**t	co-mm**o**n	le-ss**o**n	p*ar*-d**o**n
			ar
cac-t**u**s	bliss-f**u**l	rest-f**u**l	*ar*t-f**u**l
	ow	a-e	ir
cap-t**ai**n	m*ou*n-t**ai**n	f*a*-m**ou**s	n*er*-v**ou**s
i-sn't (i-sənt)	di-dn't (di-dənt)	ha-dn't (ha-dənt)	ha-sn't (ha-sənt)
a-e	a-e	oy	oy
m*a*-**i**l (m*a*-eəl)	s*a*-**i**l (s*a*-eəl)	*o*-**i**l (*o*-yəl)	b*o*-**i**l (b*o*-yəl)

115

ə as in al*a*rm lesson 2

Remember ə.

th**e**	**a** dog	**a**dapt	**a**ddress
away	**a**like	**a**buse	**a**cute
afford	**a**larm	**a**bout	**a**nnoy
s*o*fa	Ch*i*na	Afric*a*	Ind*i*a
antenn**a**	umbrell**a**	ban*a*na	Canad*a*
ment**al**	*e*ter**nal**	inter**nal**	m*u*sic**al**
sev**e**n	dust**e**d	rest**e**d	probl**e**m
*e*ven	b*o*lded	brok**e**n	sp*o*ken
st*u*dent	diff*e*rent	*A*pril	complic*a*ted
carr*o*t	comm*o*n	less*o*n	p*a*rd*o*n
cact**us**	bliss**ful**	rest**ful**	*a*rt**ful**
capt**ain**	m*ou*nt**ain**	fam**ous**	nerv**ous**
isn't	didn't	hadn't	hasn't
m*a*il	s*a*il	*o*il	b*o*il

ə as in alarm lesson 3

Remember ə.

<u>th</u>e	a dog	adapt	address
away	alike	abuse	acute
afford	alarm	about	annoy
sofa	China	Africa	India
antenna	umbrella	banana	Canada
mental	eternal	internal	musical
seven	dusted	rested	problem
even	bolded	broken	spoken
stolen	student	April	complicated
carrot	common	lesson	pardon
cactus	blissful	restful	artful
captain	mountain	famous	nervous
isn't	didn't	hadn't	hasn't
mail	sail	oil	boil

Shy e lesson 1

Like Bossy e, Shy e loves being in a co-dependent relationship, except that Shy e has decided to attach itself to the consonant next to it and blend in. It's a little shy that way.

give = giv   **lease** = lees   **gone** = gone   **rule** = rool

booze = booz   **come** = cum/cəm   **climate** = cli-mət

Now try these.

give (giv)	**have**	**live**	**twelve**
ee	ir	ir	ir
leave	**nerve**	**serve**	**curve**
ar	oo	oo	oo
starve	**move**	**prove**	**groove**
ee	ee	or	or
lease (lees)	**crease**	**course**	**horse**
ir	ir	ow	oo
curse	**nurse**	**house**	**moose**
	oo	oo	ee
gone (gon)	**rule** (rool)	**booze** (booz)	**breeze**
ee	ee	oo	ee ee
freeze	**sneeze**	**snooze**	**an-ti-freeze**
u/ə	u/ə	u/ə	ee u/ə
come (cum/cəm)	**in-come**	**wel-come**	**be-come**
u/ə	u/ə a-e	u/ə i-e	u/ə ow
some	**some-day**	**some-times**	**some-how**
i-e ə	ə oo	ə ə	ə ə
cli-mate (cli-mət)	**po-llute**	**in-ti-mate**	**de-fi-nite**
or ir ə	ə ə	ə ə	ə ə
al-ter-nate	**cho-co-late**	**o-ppo-site**	**pe-nul-ti-mate**

Shy e lesson 2

Remember Shy e.

give = giv   lease = lees   gone = gone   rule = rool

booze = booz   come = cum/cəm   climate = cli-mət

Now try these.

give	have	live	twelve
leave	nerve	serve	curve
starve	move	prove	groove
lease	crease	course	horse
curse	nurse	house	moose
gone	rule	booze	breeze
freeze	sneeze	snooze	antifreeze
come	income	welcome	become
some	someday	sometimes	somehow
climate	pollute	intimate	definite
alternate	chocolate	opposite	penultimate

Shy e lesson 3

Remember Shy e.

give = giv   lease = lees   gone = gone   rule = rool

booze = booz   come = cum/cəm   climate = cli-mət

Now try these.

give	have	live	twelve
leave	nerve	serve	curve
starve	move	prove	groove
lease	crease	course	horse
curse	nurse	house	moose
gone	rule	booze	breeze
freeze	sneeze	snooze	antifreeze
come	income	welcome	become
some	someday	sometimes	somehow
climate	pollute	intimate	definite
alternate	chocolate	opposite	penultimate

Other shy letters lesson 1

It turns out that English is full of shy letters which we generally just treat like other digraphs, trigraphs (graphemes) etc. such as sh, ch, th and ng. Here are just a few.

w	when (wen)	whim	whip	which
h	who (hoo) [oo]	whom [oo]	whole [o-e]	wholly [o-e ee]
g	guess (ges)	guilt	guide [i-e]	guard [ar]
ch	batch (bach)	botch	catch	match
m	bomb (bom)	dumb	lamb	numb
n	gnat (nat)	gnome [o-e]	gnarl [ar]	gnaw [or]
n	knelt (nelt)	knob	knock	knee [ee]
q	quiz (qiz)	quit	quick	queen [ee]
r	wrap (rap)	wrist	wrench	write [i-e]
i	build (bild)	built	buil-ding	bui-lder [ir]
s	fa-sten (far-sən) [ar ə]	ha-sten [a-e ə]	li-sten [ə]	li-ste-ner [ə ir]
s	scent (sent)	scene [ee]	sce-nic [ee]	sci-en-tist [i-e ə]
r	rhyme (rime) [i-e]	rhi-no [i-e o-e]	rhe-sus [ee ə]	rha-pso-dy [ə ee]
g	league (leeg) [ee]	rogue [o-e]	co-lleague [ee]	ca-ta-logue [ə]

121

Other shy letters lesson 2

Remember all the other shy letters.

when	**wh**im	**wh**ip	**wh**ich
who	**wh**om	**wh**ole	**wh**olly
guess	**gu**ilt	**gu**ide	**gu**ard
ba**tch**	bo**tch**	ca**tch**	ma**tch**
bo**mb**	du**mb**	la**mb**	nu**mb**
gnat	**gn**ome	**gn**arl	**gn**aw
knelt	**kn**ob	**kn**ock	**kn**ee
quiz	**qu**it	**qu**ick	**qu**een
wrap	**wr**ist	**wr**ench	**wr**ite
bu**i**ld	bu**i**lt	bu**i**lding	bu**i**lder
fa**st**en	ha**st**en	li**st**en	li**st**ener
scent	**sc**ene	**sc**enic	**sc**ientist
rhyme	**rh**ino	**rh**esus	**rh**apsody
lea**gue**	ro**gue**	colle**ague**	catalo**gue**

Other shy letters lesson 3

Remember all the other shy letters.

when	whim	whip	which
who	whom	whole	wholly
guess	guilt	guide	guard
batch	botch	catch	match
bomb	dumb	lamb	numb
gnat	gnome	gnarl	gnaw
knelt	knob	knock	knee
quiz	quit	quick	queen
wrap	wrist	wrench	write
build	built	building	builder
fasten	hasten	listen	listener
scent	scene	scenic	scientist
rhyme	rhino	rhesus	rhapsody
league	rogue	colleague	catalogue

Section 11
Everything else

e as in egg lesson 1

egg	s**ay**s	s**ai**d	d**ea**f
h**ea**d	r**ea**d	d**ea**th	m**ea**nt
h**ea**lth	w**ea**lth	br**ea**d	dr**ea**d
sw**ea**t	tr**ea**d	st**ea**lth	spr**ea**d
dr**ea**-ding	sw**ea**-ting	tr**ea**-ding	spr**ea**-ding
^{ee} h**ea**-v*y*	^{ee} r**ea**-d*y*	^{ir} w**ea**-th*er*	^ə h**ea**-v**e**n
fr**ien**d	fr**ien**d-ship	^{ee} fr**ien**d-l*y*	^ə fr**ien**d-l*e*ss
^{ee} b**u**-r*y*	^{ee} b**u**-r*ie*d	^{ee} b**u**-r*y*-ing	^{ee ə} b**u**-r*i*-*a*l
^{ee} **a**-n*y*	^{ee} m**a**-n*y*	^{ee} **a**-n*y*-thing	^{ee a-e} **a**-n*y*-w*ay*
^{ee i-e} **a**-n*y*-t*i*m*e*	^{ee or} **a**-n*y*-m*ore*	^{ee ow} **a**-n*y*-h*ow*	^{ee ee} **a**-n*y*-bo-d*y*

e as in egg lesson 2

egg	says	said	deaf
head	read	death	meant
health	wealth	bread	dread
sweat	tread	stealth	spread
dreading	sweating	treading	spreading
heavy	ready	weather	heaven
friend	friendship	friendly	friendless
bury	buried	burying	burial
any	many	anything	anyway
anytime	anymore	anyhow	anybody

e as in egg lesson 3

egg	says	said	deaf
head	read	death	meant
health	wealth	bread	dread
sweat	tread	stealth	spread
dreading	sweating	treading	spreading
heavy	ready	weather	heaven
friend	friendship	friendly	friendless
bury	buried	burying	burial
any	many	anything	anyway
anytime	anymore	anyhow	anybody

o as in ox lesson 1

ox	**Joh**n	w**a**d	w**a**t
w**a**tt	w**a**ft	w**a**nd	w**a**nt
w**a**sp	w**a**sh	sw**a**b	sw**a**t
w**a**-dding	sw**a**-bbing	sw**a**-pping	sw**a**-tting
w**a**f-ting	w**a**n-ting	w**a**-shing	sw**a**m-ping
w**a**-ll*ow* [o-e]	w**a**n-d*er* [ir]	w**a**-sh*er* [ir]	w**a**n-t*e*d [ə]
w**a**f-t*e*d [ə]	w**a**-ll*e*t [ə]	w**a**-ll*o*p [ə]	w**a**-rr*e*n [ə]
w**a**-ll*o*-*w*ing [o-e]	w**a**n-d*e*-*r*ing [ir]	w**a**-ll*o*-ping [ə]	w**a**-rr*a*n-t*y* [ə ee]
Aus-t*i*n [ə]	**au**s-t*ere* [ear]	**Au**s-tr*i*-*a* [ee ə]	**au**s-te-r*i*-t*y* [ə ee]
ho-n*e*st [ə]	**ho**-n*e*s-t*y* [ə ee]	**ho**-n*e*st-l*y* [ə ee]	**ho**-n*e*s-t*i*es [ə ee]

128

o as in ox lesson 2

ox	John	wad	wat
watt	waft	wand	want
wasp	wash	swab	swat
wadding	swabbing	swapping	swatting
wafting	wanting	washing	swamping
wallow	wander	washer	wanted
wafted	wallet	wallop	warren
wallowing	wandering	walloping	warranty
Austin	austere	Austria	austerity
honest	honesty	honestly	honesties

o as in ox lesson 3

ox	John	wad	wat
watt	waft	wand	want
wasp	wash	swab	swat
wadding	swabbing	swapping	swatting
wafting	wanting	washing	swamping
wallow	wander	washer	wanted
wafted	wallet	wallop	warren
wallowing	wandering	walloping	warranty
Austin	austere	Austria	austerity
honest	honesty	honestly	honesties

w as in web lesson 1

web	**wh**am	**wh**en	**wh**et
whiff	**wh**im	**wh**ip	**wh**iz
whack	**wh**ich	**wh**elk	**wh**isk

ee	ee	i-e	i-e
wheel	**wh**eat	**wh**y	**wh**ite

ir	oo	air	o
whirl	**wh**oops	**wh**ere	**wh**at

wha-mming	**wh**i-ffing	**wh**i-pping	**wh**i-zzing
wha-cking	**wh**el-ming	**wh**el-ping	**wh**is-king

ee	ee ee	ir	ir
whis-ky	**wh**ee-zy	**wh**is-ker	**wh**is-per

ee ee	ee ee	ee ir	ir
wheat-meal	**wh**ee-lie	**wh**ee-zer	**wh**e-ne-ver

a-e	a-e	a-e ir	a-e o-e
whale	**wh**a-ling	**wh**a-ler	**wh**ale-bone

w as in web lesson 2

web	wham	when	whet
whiff	whim	whip	whiz
whack	which	whelk	whisk
wheel	wheat	why	white
whirl	whoops	where	what
whamming	whiffing	whipping	whizzing
whacking	whelming	whelping	whisking
whisky	wheezy	whisker	whisper
wheatmeal	wheelie	wheezer	whenever
whale	whaling	whaler	whalebone

w as in web lesson 3

web	wham	when	whet
whiff	whim	whip	whiz
whack	which	whelk	whisk
wheel	wheat	why	white
whirl	whoops	where	what
whamming	whiffing	whipping	whizzing
whacking	whelming	whelping	whisking
whisky	wheezy	whisker	whisper
wheatmeal	wheelie	wheezer	whenever
whale	whaling	whaler	whalebone

v as van lesson 1

van	of	give	have

live	elves	twelve	shelves

^{i-e} I've	^{ee} we've	^{u-e} you've	^{a-e} they've

^{ee} leave	^{ir} curve	^{ir} nerve	^{ir} serve

^{ar} starve	^{oo} move	^{oo} prove	^{oo} groove

pen-sive	^{ee ee} be-lieve	^{ee ee} re-prieve	^{or} for-give

^{oo} im-prove	^{ə oo} a-pprove	^{oo ə} move-less	^{oo ə} move-ment

ex-pen-sive	ex-ten-sive	im-pre-ssive	in-stinc-tive

^ə a-ddic-tive	^ə a-ggre-ssive	^ə a-tten-tive	^ə a-ttrac-tive

^ə e-ffec-tive	^{ə a-e} a-bra-sive	^{ir ə} per-va-sive	^{ir} per-spec-tive

v as van lesson 2

van	of	give	have
live	elves	twelve	shelves
I've	we've	you've	they've
leave	curve	nerve	serve
starve	move	prove	groove
pensive	believe	reprieve	forgive
improve	approve	moveless	movement
expensive	extensive	impressive	instinctive
addictive	aggressive	attentive	attractive
effective	abrasive	pervasive	perspective

v as van lesson 3

van	of	give	have
live	elves	twelve	shelves
I've	we've	you've	they've
leave	curve	nerve	serve
starve	move	prove	groove
pensive	believe	reprieve	forgive
improve	approve	moveless	movement
expensive	extensive	impressive	instinctive
addictive	aggressive	attentive	attractive
effective	abrasive	pervasive	perspective

g as in gum lesson 1

gum	Flagg	**gu**ess	**gu**est

i-e	i-e	ar	ar
gui*de*	**gu**i*se*	**gu***a*rd	**gu***a*rs

ee	ee	i-e	i-e ə
gui-n*ea*	**gu**il-t*y*	**gu**i-ding	**gu**i-d*e*d

ar	o-e	oo	i-e o-e
gui-t*ar*	**gu**est-r*ope*	**gu**est-r*oo*m	**gu**i*de*-p*ost*

i-e oo	i-e i-e	ir ee	ar
gui*de*-b*oo*k	**gu**i*de*-li*ne*	**gu***er*n-s*ey*	**gu***ar*-ding

ar a-e	ar oo	ar ə	ar ə
gu*ar*d-r*ai*l	**gu***ar*d-r*oo*m	**gu***ar*-d*e*d	**gu***ar*ds-m*a*n

ar ə	ee	ar ə ee	ar ə ə
gu*ar*ds-men	**gu**e-ssing-l*y*	**gu***ar*-d*e*d-l*y*	**gu***ar*-d*e*d-n*e*ss

ar	ə ee	ə or/ir	ə ee
gui-t*a*-*r*ist	**gu**a-r*a*n-t*ee*	**gu**a-r*a*n-tor	**gu**ilt-l*e*ss-l*y*

o-e	o-e	o-e ee	ə ee
gho*st*	**gh**e-tt*o*	**gh**o*st*-l*y*	sp*a*-**gh**e-tt*i*

o-e	ee	ee	ə
ro**gue**	lea**gue**	co-llea**gue**	ca-t*a*-lo**gue**

g as in gum lesson 2

gum	Flagg	**gu**ess	**gu**est
guide	**gu**ise	**gu**ard	**gu**ars
guinea	**gu**ilty	**gu**iding	**gu**ided
guitar	**gu**estrope	**gu**estroom	**gu**idepost
guidebook	**gu**ideline	**gu**ernsey	**gu**arding
guardrail	**gu**ardroom	**gu**arded	**gu**ardsman
guardsmen	**gu**essingly	**gu**ardedly	**gu**ardedness
guitarist	**gu**arantee	**gu**arantor	**gu**iltlessly
ghost	**gh**etto	**gh**ostly	spa**gh**etti
ro**gue**	lea**gue**	collea**gue**	catalo**gue**

g as in gum lesson 3

gum	Flagg	guess	guest
guide	guise	guard	guars
guinea	guilty	guiding	guided
guitar	guestrope	guestroom	guidepost
guidebook	guideline	guernsey	guarding
guardrail	guardroom	guarded	guardsman
guardsmen	guessingly	guardedly	guardedness
guitarist	guarantee	guarantor	guiltlessly
ghost	ghetto	ghostly	spaghetti
rogue	league	colleague	catalogue

n as in nun lesson 1

nun	Ann	Finn	Mann
go**ne**	**Anne**	**gn**at	**gn**ash
knack	**kn**elt	**kn**ob	**kn**ock
ᵒ⁻ᵉ **gn**ome	ᵒʳ **gn**aw	ᵃ⁻ᵉ fe**i**gn	ᵃ⁻ᵉ re**i**gn
ᵃ⁻ᵉ **kn**ave	ᵉᵉ **kn**ee	ᵉᵉ **kn**eed	ᵉᵉ **kn**ead
ⁱ⁻ᵉ **kn**ife	ⁱ⁻ᵉ **kn**ight	ᵒ⁻ᵉ **kn**ow	ᵘ⁻ᵉ **kn**ew
kna-pping	**kn**i-tting	**kn**o-tting	**kn**o-cking
ᵉᵉ **kn**o-bby	ⁱʳ **kn**a-cker	ⁱʳ **kn**i-ckers	ⁱʳ **kn**i-tter
ⁱʳ **kn**o-cker	ᵊ **kn**o-tted	ᵒʷ **kn**o-ckout	ᵉᵉ **kn**ee-cap
ᵉᵉ **kn**ee-pad	ᵉᵉ ᵒ⁻ᵉ **kn**ee-hole	ᵉᵉ ⁱʳ **kn**ea-der	ᵉᵉ ⁱʳ **kn**ee-ler

n as in nun lesson 2

nun	Ann	Finn	Mann
go**ne**	**A**n**ne**	**gn**at	**gn**ash
knack	**kn**elt	**kn**ob	**kn**ock
gnome	**gn**aw	fe**ign**	re**ign**
knave	**kn**ee	**kn**eed	**kn**ead
knife	**kn**ight	**kn**ow	**kn**ew
knapping	**kn**itting	**kn**otting	**kn**ocking
knobby	**kn**acker	**kn**ickers	**kn**itter
knocker	**kn**otted	**kn**ockout	**kn**eecap
kneepad	**kn**eehole	**kn**eader	**kn**eeler

n as in nun lesson 3

nun	Ann	Finn	Mann
gone	Anne	gnat	gnash
knack	knelt	knob	knock
gnome	gnaw	feign	reign
knave	knee	kneed	knead
knife	knight	know	knew
knapping	knitting	knotting	knocking
knobby	knacker	knickers	knitter
knocker	knotted	knockout	kneecap
kneepad	kneehole	kneader	kneeler

q (kw) as in **qu**iz lesson 1

quiz (kwiz)	**qu**ack	**qu**ell	**qu**ip
quit	**qu**ick	**qu**est	**qu**ench
squ**i**b	squ**i**sh	squ**i**nt	squ**e**lch

a-e	a-e	ee	i-e
qua*k*e	**qu***ai*nt	**qu**eeen	**qu***i*te

o-e	ar	ar	ear
quo*te*	**qu**a*r*k	**qu**a*l*m	**qu**ee*r*

ir	i-e ə	i-e ə ee	i-e ə ir
qui-ck*er*	**qu***i*-et	**qu***i*-et-l*y*	**qu***i*-e-t*er*

o	o	o	o
qua*d*	**qu**a*sh*	squ**a***b*	squ**a***sh*

o ə	o ə	o ə ee	o ə i-e
squ**a**-li*d*	**qu**a*n*-t*u*m	**qu**a-li-t*y*	**qu**a-li-f*y*

o ə ee	o ə i-e	o ə i-e	o ə i-e
qua*n*-ti-t*y*	**qu**a*n*-ti-f*y*	**qu**a-li-f*ied*	**qu**a*n*-ti-f*ied*

or	or	or ir	or ir ee
qua*r*t	**qu**a*r*-tet	**qu**a*r*-t*er*	**qu**a*r*-t*er*-l*y*

q (kw) as in **qu**iz lesson 2

quiz	**qu**ack	**qu**ell	**qu**ip
quit	**qu**ick	**qu**est	**qu**ench
s**qu**ib	s**qu**ish	s**qu**int	s**qu**elch
quake	**qu**aint	**qu**een	**qu**ite
quote	**qu**ark	**qu**alm	**qu**eer
quicker	**qu**iet	**qu**ietly	**qu**ieter
quad	**qu**ash	s**qu**ab	s**qu**ash
s**qu**alid	**qu**antum	**qu**ality	**qu**alify
quantity	**qu**antify	**qu**alified	**qu**antified
quart	**qu**artet	**qu**arter	**qu**arterly

q (kw) as in quiz lesson 3

quiz	quack	quell	quip
quit	quick	quest	quench
squib	squish	squint	squelch
quake	quaint	queen	quite
quote	quark	qualm	queer
quicker	quiet	quietly	quieter
quad	quash	squab	squash
squalid	quantum	quality	qualify
quantity	quantify	qualified	quantified
quart	quartet	quarter	quarterly

f as in fan lesson 1

fan	puff	fluff	gruff
phat	**ph**ut	gra**ph**	sta**ph**
a-e **ph***a*s*e*	o-e **ph***one*	u-e **ph***ew*	ar **ph***a*rm
ə c*a*-ra**f***e*	ə so-**ft***e*n	ə so-**ft***e*-ning	ə ir so-**ft***e*-n*er*
ar l*au*-**gh**ing	ar ir l*au*-**gh**er	ar ir l*au***gh**-t*er*	ar ə ee l*au*-**gh***a*-bl*y*
u-e ne-**ph***ew*	ee gra-**ph***eme*	i-e gra-**ph***i*t*e*	ee gra-**ph***e*-mic
o-e **ph***o*-bic	o-e ee **ph***o*-n*y*	o-e o-e **ph***o*-n*o*	o-e o-e **ph***o*-t*o*
ə **ph***a*n-tom	a-e **phr***a*-sing	a-e ə **phr***a*-s*a*l	o-e ee **ph***o*-n*eme*
o-e ə **ph***o*-t*o*-stat	ə ee **ph***o*-ne-mic	ə **ph***o*-ne-tic	ə **ph***a*n-tas-m*a*
ə gra-**ph**i-c*a*l	ə ə e-le-**ph***a*nt	ə o-e te-le-**ph***one*	o-e ə **ph***o*-t*o*-graph

f as in fan lesson 2

fan	puff	fluff	gruff
phat	**ph**ut	gra**ph**	sta**ph**
phase	**ph**one	**ph**ew	**ph**arm
ca**ra**fe	so**ft**en	so**ft**ening	so**ft**ener
lau**gh**ing	lau**gh**er	lau**gh**ter	lau**gh**ably
ne**ph**ew	gra**ph**eme	gra**ph**ite	gra**ph**emic
phobic	**ph**ony	**ph**ono	**ph**oto
phantom	**ph**rasing	**ph**rasal	**ph**oneme
photostat	**ph**onemic	**ph**onetic	**ph**antasma
gra**ph**ical	ele**ph**ant	tele**ph**one	**ph**otogra**ph**

f as in fan lesson 3

fan	puff	fluff	gruff
phat	phut	graph	staph
phase	phone	phew	pharm
carafe	soften	softening	softener
laughing	laugher	laughter	laughably
nephew	grapheme	graphite	graphemic
phobic	phony	phono	photo
phantom	phrasing	phrasal	phoneme
photostat	phonemic	phonetic	phantasma
graphical	elephant	telephone	photograph

l as in leg lesson 1

Words like apple, where the last sound is l (as in leg), are often spoken with ə (app**le** = a-pəl). This is why, even though they might only look like they have only a single syllable, actually have two syllables.

leg	fill	lull	oo r*u*le
a-pp**le** (a-pəl)	ba-tt**le**	bo-tt**le**	bu-bb**le**
cu-dd**le**	da-bb**le**	fi-dd**le**	fu-dd**le**
gi-gg**le**	hu-dd**le**	li-tt**le**	mi-dd**le**
mu-dd**le**	pu-dd**le**	ra-bb**le**	sa-dd**le**
un-c**le**	can-d**le**	hum-b**le**	mum-b**le**
sam-p**le**	sim-p**le**	stu-bb**le**	tram-p**le**
a-e t*a*-b**le**	ee n*ee*-d**le**	ee p*eo*-p**le**	ar m*ar*-b**le**
oo d*oo*-d**le**	oo g*oo*-g**le**	oo n*oo*-d**le**	oo p*oo*-d**le**
ə ho-rr*i*-b**le**	ə te-rr*i*-b**le**	ə im-po-ss*i*-b**le**	ə in-cre-d*i*-b**le**

l as in leg lesson 2

leg	fill	lull	r*u*le
app**le**	batt**le**	bott**le**	bubb**le**
cudd**le**	dabb**le**	fidd**le**	fudd**le**
gigg**le**	hudd**le**	litt**le**	midd**le**
mudd**le**	pudd**le**	rabb**le**	sadd**le**
unc**le**	cand**le**	humb**le**	mumb**le**
samp**le**	simp**le**	stubb**le**	tramp**le**
t*a*b**le**	n*ee*d**le**	p*eo*p**le**	m*a*rb**le**
d*oo*d**le**	g*oo*g**le**	n*oo*d**le**	p*oo*d**le**
horr*i*b**le**	terr*i*b**le**	imposs*i*b**le**	incred*i*b**le**

l as in leg lesson 3

leg	fill	lull	rule
apple	battle	bottle	bubble
cuddle	dabble	fiddle	fuddle
giggle	huddle	little	middle
muddle	puddle	rabble	saddle
uncle	candle	humble	mumble
sample	simple	stubble	trample
table	needle	people	marble
doodle	google	noodle	poodle
horrible	terrible	impossible	incredible

r as in rat lesson 1

rat	**wr**ack	**wr**eck	**wr**ap

wren	**wr**it	**wr**ist	**wr**ench

a-e	ee	ee	i-e
wraith	**wr**eak	**wr**eath	**wr**y

i-e	i-e	i-e	o-e
write	**wr**ithe	**wr**ight	**wr**ote

wra-cking	**wr**a-pping	**wr**en-ching	**wr**ing-ing

ee	ee	ee	ee
ha-rry	ma-rry	pa-rry	ta-rry

ee	ee	ee	i-e
wri-ggly	**wr**in-kly	**wr**ea-king	**wr**i-ting

ir	ir	i-e ir	ə
wra-pp**er**	**wr**e-ck**er**	**wr**i-t**er**	**wr**i-tten

i-e	i-e	i-e o-e	ee ə
Rhine	**rh**yme	**rh**i-no	**rh**e-sus

oo ar	oy	ə ee	oo
rhu-b**ar**b	**rh**om-b**oi**d	**rh**ap-s**o**-d**y**	**rh**eu-ma-tic

r as in rat lesson 2

rat	**wr**ack	**wr**eck	**wr**ap
wren	**wr**it	**wr**ist	**wr**ench
wraith	**wr**eak	**wr**eath	**wr**y
write	**wr**ithe	**wr**ight	**wr**ote
wracking	**wr**apping	**wr**enching	**wr**inging
harry	marry	parry	tarry
wriggly	**wr**inkly	**wr**eaking	**wr**iting
wrapper	**wr**ecker	**wr**iter	**wr**itten
Rhine	**rh**yme	**rh**ino	**rh**esus
rhubarb	**rh**omboid	**rh**apsody	**rh**eumatic

r as in rat lesson 3

rat	wrack	wreck	wrap
wren	writ	wrist	wrench
wraith	wreak	wreath	wry
write	writhe	wright	wrote
wracking	wrapping	wrenching	wringing
harry	marry	parry	tarry
wriggly	wrinkly	wreaking	writing
wrapper	wrecker	writer	written
Rhine	rhyme	rhino	rhesus
rhubarb	rhomboid	rhapsody	rheumatic

s as in sun lesson 1

sun	sis	mass	sass
dan**ce**	lan**ce**	pran**ce**	chan**ce**
ee l**ease**	ee cr**ease**	ee gr**ease**	ee pl**ease**
or ho**rse**	or co**urse**	ow ho**use**	ow mo**use**
ee n**iece**	ee p**iece**	oy v**oice**	oy ch**oice**
a-e f**ace**	a-e r**ace**	i-e r**ice**	a-e pl**ace**
cent	ir **c**en-t**er**	ir **c**en-t**re**	ə **c**en-tr**a**l
ir ə s**er**-v**ice**	ə **s**en-t**ence**	ə fi-n**esse**	ə cre-v**asse**
ir an-**sw**er	ə li-**st**en	ar ə fa-**st**en	a-e ə ha-**st**en
ee **sc**ene	i-e ə **sc**i-**ence**	i-e ə **sc**i-en-tist	i-e ə **sc**i-en-ti-fic

155

s as in sun lesson 2

sun	sis	mass	sass
dance	lance	prance	chance
lease	crease	grease	please
horse	course	house	mouse
niece	piece	voice	choice
face	race	rice	place
cent	center	centre	central
service	sentence	finesse	crevasse
answer	listen	fasten	hasten
scene	science	scientist	scientific

s as in sun lesson 3

sun	sis	mass	sass
dance	lance	prance	chance
lease	crease	grease	please
horse	course	house	mouse
niece	piece	voice	choice
face	race	rice	place
cent	center	centre	central
service	sentence	finesse	crevasse
answer	listen	fasten	hasten
scene	science	scientist	scientific

j as in jet lesson 1

| jet | **g**em | **g**el | **g**ent |

| e**dge** | bu**dge** | fu**dge** | ju**dge** |

| bri**dge** | ple**dge** | smi**dge** | smu**dge** |

| ee | ee | ir | ir |
| **g**ene | **g**enes | **g**e*r*m | **g**e*r*ms |

| a-e | a-e | a-e | a-e |
| c*a***ge** | m*a***ge** | p*a***ge** | s*a***ge** |

| a-e | a-e | ar | ar |
| m*a***nge** | r*a***nge** | b*ar***ge** | l*ar***ge** |

| i | i | i | i |
| co-ll**e****ge** | o-r*a***nge** | sa-v*a***ge** | me-ss*a***ge** |

| | ə | a-e ə | ee ə |
| ma-**g**ic | le-**g**end | *a*-**g**ent | re-**g**ent |

| ir | ee | ir | ə |
| stran-**g**e*r* | **g**en-tee*l* | **g**en-de*r* | **g**e-ne-tic |

| ə | u-e a-e ə | ee ə ee | ee ə ee |
| ma-**g**i-c*a*l | n*ew*-s*a*-**g**ent | **g**e-o-lo-**g**y | **g**e-o-me-try |

j as in jet lesson 2

jet	gem	gel	gent
edge	budge	fudge	judge
bridge	pledge	smidge	smudge
gene	genes	germ	germs
cage	mage	page	sage
mange	range	barge	large
college	orange	savage	message
magic	legend	agent	regent
stranger	genteel	gender	genetic
magical	newsagent	geology	geometry

j as in jet lesson 3

jet	gem	gel	gent
edge	budge	fudge	judge
bridge	pledge	smidge	smudge
gene	genes	germ	germs
cage	mage	page	sage
mange	range	barge	large
college	orange	savage	message
magic	legend	agent	regent
stranger	genteel	gender	genetic
magical	newsagent	geology	geometry

h as in hat lesson 1

	oo	oo	oo
hat	**wh**o	**wh**om	**wh**o'd

oo	oo	oo s	oo v
who'll	**wh**o's	**wh**ose	**wh**o've

oo ir	oo ir	oo ir	oo o-e ir
who-e-v*er*	**wh**o-me-v*er*	**wh**o-se-v*er*	**wh**o-so-e-v*er*

o-e	o-e ee	o-e	o-e
whole	**wh**o-ll*y*	**wh**ole bag	**wh**ole hog

o-e	o-e	o-e	o-e
whole milk	**wh**ole cloth	**wh**ole thing	**wh**ole length

o-e a-e	o-e a-e	o-e a-e	o-e ee
whole d*a*y	**wh**ole g*a*le	**wh**ole gr*a*in	**wh**ole m*ea*l

o-e i-e	o-e i-e	o-e o-e	o-e o-e
whole life	**wh**ole time	**wh**ole note	**wh**ole s*ou*l

o-e oo	o-e w ee	o-e ar	o-e ə
whole food	**wh**ole *wh*ea*t	**wh**ole heart	**wh**ole-ness

o-e ə m	o-e a-e	o-e a-e	o-e a-e ir
whole-s*o*me	**wh**ole-s*a*le	**wh**ole-s*a*-ling	**wh**ole-s*a*-l*er*

o-e ee	o-e ə	o-e ə m ee	o-e ir
whole bo-d*y*	**wh**ole she-bang	**wh**ole-s*o*me-l*y*	**wh**ole num-b*er*

h as in hat lesson 2

hat	who	whom	who'd
who'll	who's	whose	who've
whoever	whomever	whosever	whosoever
whole	wholly	whole bag	whole hog
whole milk	whole cloth	whole thing	whole length
whole day	whole gale	whole grain	whole meal
whole life	whole time	whole note	whole soul
whole food	whole wheat	whole heart	whole-ness
wholesome	wholesale	wholesaling	wholesaler
whole body	whole shebang	wholesomely	whole number

h as in hat lesson 3

hat	who	whom	who'd
who'll	who's	whose	who've
whoever	whomever	whosever	whosoever
whole	wholly	whole bag	whole hog
whole milk	whole cloth	whole thing	whole length
whole day	whole gale	whole grain	whole meal
whole life	whole time	whole note	whole soul
whole food	whole wheat	whole heart	whole-ness
wholesome	wholesale	wholesaling	wholesaler
whole body	whole shebang	wholesomely	whole number

d as in dog lesson 1

dog	humm**ed**	ramm**ed**	rimm**ed**
summ**ed**	plann**ed**	stunn**ed**	trimm**ed**
ᵒʳ h**or**de	ᵒᵒ r**u**de	ᵒᵒ cr**u**de	ᵒᵒ pr**u**de
ᵃ⁻ᵉ m**ai**m**ed**	ᵃ⁻ᵉ r**ai**n**ed**	ᵃ⁻ᵉ tr**ai**n**ed**	ᵃ⁻ᵉ pl**ay**ed
ᵃ⁻ᵉ pr**ay**ed	ᵃ⁻ᵉ sl**ay**ed	ᵉᵉ pr**ee**n**ed**	ᵉᵉ s**ee**m**ed**
ᵒ⁻ᵉ sh**ow**ed	ᵒʳ c**all**ed	ᵒʳ st**all**ed	ᵒᵒ p**u**ll**ed**
ə a-dd**e**d	ə pa-dd**e**d	ə ma-dd**e**n	ə sa-dd**e**n
ᵒʸ en-j**oy**ed	ᵒʸ em-pl**oy**ed	ᵒ⁻ᵉ fo-ll**ow**ed	ᵒ⁻ᵉ ho-ll**ow**ed
ə ha-pp**en**ed	ə ma-dd**en**ed	ə sa-dd**en**ed	ⁱʳ sca-tt**er**ed
ᵉᵉ ᵃ⁻ᵉ de-l**ay**ed	ᵒᵒ ə l**oo**-s**en**ed	ə ᵒʷ *a*-ll**ow**ed	ᵉᵉ ⁱʳ re-mem-b**er**ed

d as in dog lesson 2

dog	hummed	rammed	rimmed
summed	planned	stunned	trimmed
horde	rude	crude	prude
maimed	rained	trained	played
prayed	slayed	preened	seemed
showed	called	stalled	pulled
added	padded	madden	sadden
enjoyed	employed	followed	hollowed
happened	maddened	saddened	scattered
delayed	loosened	allowed	remembered

d as in dog lesson 3

dog	hummed	rammed	rimmed
summed	planned	stunned	trimmed
horde	rude	crude	prude
maimed	rained	trained	played
prayed	slayed	preened	seemed
added	padded	madden	sadden
showed	called	stalled	pulled
enjoyed	employed	followed	hollowed
happened	maddened	saddened	scattered
delayed	loosened	allowed	remembered

t as in tub lesson 1

tub	matt	tatt	de**bt**
box**ed**	fox**ed**	max**ed**	nix**ed**
help**ed**	hush**ed**	jump**ed**	miss**ed**
back**ed**	hack**ed**	muck**ed**	rock**ed**
flick**ed**	flock**ed**	slipp**ed**	snapp**ed**
^ee^ le*a*s**ed**	^or^ w*a*lk**ed**	^ir^ w*or*k**ed**	^o^ w*a*sh**ed**
^oo^ b*oo*k**ed**	^oo^ c*oo*k**ed**	^oo^ l*oo*k**ed**	^ow^ d*ou***bt**
^i-e^ **th**y m*e*	dis-ke**tte**	pa-le**tte**	^ə^ c*a*-sse**tte**
^i-e^ cl*i*-m*a*t**e**	^ə ə^ de-f*i*-n*i***te**	^or ir ə^ *a*l-t*er*-n*a***te**	^ə ə^ **ch**o-c*o*-l*a***te**
^ə ə^ com-p*o*-s*i***te**	^ə ə^ in-t*i*-m*a***te**	^ə ə^ o-pp*o*-s*i***te**	^ə ə^ in-de-f*i*-n*i***te**

t as in tub lesson 2

tub	matt	tatt	de**bt**
box**ed**	fox**ed**	max**ed**	nix**ed**
help**ed**	hush**ed**	jump**ed**	miss**ed**
back**ed**	hack**ed**	muck**ed**	rock**ed**
flick**ed**	flock**ed**	slipp**ed**	snapp**ed**
leas**ed**	walk**ed**	work**ed**	wash**ed**
book**ed**	cook**ed**	look**ed**	dou**bt**
thyme	diske**tte**	pale**tte**	casse**tte**
climate	definite	alternate	chocolate
composite	intimate	opposite	indefinite

t as in tub lesson 3

tub	matt	tatt	debt
boxed	foxed	maxed	nixed
helped	hushed	jumped	missed
backed	hacked	mucked	rocked
flicked	flocked	slipped	snapped
leased	walked	worked	washed
booked	cooked	looked	doubt
thyme	diskette	palette	cassette
climate	definite	alternate	chocolate
composite	intimate	opposite	indefinite

m as in mum lesson 1

mum	Hamm	bo**mb**	du**mb**
la**mb**	nu**mb**	plo**mb**	plu**mb**
bo-**mb**ing	du-**mb**ing	nu-**mb**ing	plu-**mb**ing

i-e	i-e	i-e ir	i-e ow
cl*i***mb**	cl*i*-**mb**ing	cl*i*-**mb**e*r*	cl*i***mb**-d*ow*n

ir	ir	ir	ow
bo-**mb**e*r*	du-**mb**e*r*	plu-**mb**e*r*	du**mb**-f*ou*nd

u/ə	u/ə	u/ə	ee u/ə
c*o*me	in-c*o*me	wel-c*o*me	b*e*-c*o*me

u/ə	u/ə ow	u/ə a-e	u/ə i-e
s*o*me	s*o*me-h*ow*	s*o*me-d*ay*	s*o*me-t*i*me*s*

u/ə w air	o-e ə	ə	oo ə
s*o*me-*where*	l*one*-s*o*me	hand-s*o*me	gr*ue*-s*o*me

d	or ə	ə	
da**mn***ed*	*au*-tu**mn**	co-l*u***mn**	du**mb**-struck

f	o-e	ir ə	i-e ə f
*ph*le**gm**	pr*o*-gra**mm**e	cum-b*er*-s*o*me	d*i*-*a*-*ph*ra**gm**

m as in mum lesson 2

mum	Hamm	bo**mb**	du**mb**
la**mb**	nu**mb**	plo**mb**	plu**mb**
bo**mb**ing	du**mb**ing	nu**mb**ing	plu**mb**ing
cl*i***mb**	cl*i***mb**ing	cl*i***mb**er	cl*i***mb**d*ow*n
bo**mb**er	du**mb**er	plu**mb**er	du**mb**fo*u*nd
c*o*me	inc*o*me	welc*o*me	bec*o*me
s*o*me	s*o*meh*ow*	s*o*me*day*	s*o*me*time*s
s*o*me*wh*ere	lones*o*me	handso*m*e	gr*ue*s*o*me
da**mn**ed	*au*tu**mn**	colu**mn**	du**mb**struck
*ph*le**gm**	progra**mme**	cu*m*bers*o*me	d*iaph*ra**gm**

171

m as in mum lesson 3

mum	Hamm	bomb	dumb
lamb	numb	plomb	plumb
bombing	dumbing	numbing	plumbing
climb	climbing	climber	climbdown
bomber	dumber	plumber	dumbfound
come	income	welcome	become
some	somehow	someday	sometimes
somewhere	lonesome	handsome	gruesome
damned	autumn	column	dumbstruck
phlegm	programme	cumbersome	diaphragm

i as in ink lesson 1

ink	m*y*th	cr*y*pt	tr*y*st
b**ui**ld	b**ui**lt	b**ui**l-ding	b**ui**l-d*er* ^ir
pr**e**-tt*y* ^ee	w**o**-m*e*n ^ə	**E**n-glish ^ng	**E**n-gl*a*nd ^(ng ə)
co-ll*e*g*e* ^j	o-ra**n**g*e* ^j	sa-v*a*g*e* ^j	me-ss*a*g*e* ^j
m*y*s-tic	m*y*-thic	cr*y*p-tic	d*y*s-pep-tic
*ph**y*-sics ^f	S*y*d-n*ey* ^ee	*c**y*c-lic ^s	*c**y*g-n*e*t ^(s ə)
l*y*-ri-c*a*l ^ə	t*y*-pi-c*a*l ^ə	m*y*s-ti-c*a*l ^ə	m*y*-thi-c*a*l ^ə
p*y*-r*a*-mid ^ə	t*y*-r*a*-nn*y* ^(ə ee)	l*y*-ri-*c*ist ^(ə s)	*c**y*s-t*i*-t*i*s ^(s i-e ə)
m*y*-r*i*-*a*d ^(ee ə)	*c**y*-l*i*n-d*er* ^(s ə ir)	*ph**y*-si-c*a*l ^(f ə)	*ph**y*-s*i*-*c*ist ^(f ə s)
t*y*-p*i*-f*y* ^(ə i-e)	*c**y*-ni-c*a*l ^(s ə)	m*y*s-t*e*-r*y* ^(ir ee)	t*y*-r*a*-nn*ize* ^(ə i-e)

i as in ink lesson 1

ink	myth	crypt	tryst
b**ui**ld	b**ui**lt	b**ui**lding	b**ui**ld*er*
pret*t*y	w**o**m*e*n	**E**ngl*i*sh	**E**ngl*a*nd
coll*e*ge	or*a*nge	sav*a*ge	mess*a*ge
mystic	mythic	cryptic	dyspeptic
*ph*ysics	*c*ydn*ey*	*c*yclic	*c*ygnet
lyric*a*l	typic*a*l	mystic*a*l	mythic*a*l
pyr*a*mid	tyr*a*nny	lyr*i*cist	*c*yst*i*t*i*s
myr*ia*d	*c*yl*i*nd*er*	*ph*ysic*a*l	*ph*ysic*i*st
typ*i*fy	*c*ynic*a*l	myst*ery*	tyr*a*nn*i*ze

i as in ink lesson 1

ink	myth	crypt	tryst
build	built	building	builder
pretty	women	English	England
college	orange	savage	message
mystic	cryptic	crystal	cyclic
cygnet	nymphet	physics	Sydney
cynical	typical	mythical	lyricist
pyramid	lyrical	tyranny	cystitis
myriad	dyspeptic	cylinder	physical
typify	mystery	mystical	tyrannize

z as in zip lesson 1

		ar	oo
zip	buzz	**cz**ar	**ooze**

oo	ee	ee	ee
b*oo***ze**	br*ee***ze**	fr*ee***ze**	sn*ee***ze**

oo	w ee	q ee	ee ee
sn*oo***ze**	*whee***ze**	s*quee***ze**	an-ti-fr*ee***ze**

	oo	oo	ee
bu-**zz**ing	*oo*-**z**ing	b*oo*-**z**ing	br*ee*-**z**ing

ee	oo	w ee	q ee
fr*ee*-**z**ing	sn*oo*-**z**ing	*whee*-**z**ing	s*quee*-**z**ing

o	ee	oo	ə
w*a***s**	j*ea*n**s**	sh*oe***s**	dre-ss*e***s**

i ee	i ee ir	i ee ə	i ee ee
b*u*-**s***y*	b*u*-**s***y*-w*or*k	b*u*-**s***y*-n*e*ss	b*u*-**s***y*-bo-d*y*

i ə	i ə i-e	i ə ə	i ə ə
b*usi*-n*e*ss	b*usi*-n*e*ss-l*i*ke	b*usi*-n*e*ss-m*a*n	b*usi*-n*e*ss-men

		ee	a-e ee ir
xe-non	**x**an-thic	**X***e*-rox	**X***a*-v*i*-*er*

i-e f oy	i-e ə f o-e	i-e ə f	ee ə f o-e
x*i*-*ph*o*i*d	**x***y*-lo-*ph*on*e*	**x***y*-lo-gra*ph*	**x***e*-no-*ph*o-bic

z as in zip lesson 2

zip	buzz	**cz**ar	*oo***ze**
b*oo***ze**	br*ee***ze**	fr*ee***ze**	sn*ee***ze**
sn*oo***ze**	*whee***ze**	s*quee***ze**	ant*i*fr*ee***ze**
buzzing	*oo*zing	b*oo*zing	br*ee*zing
freezing	sn*oo*zing	*whee*zing	s*quee*zing
w*a***s**	j*ea***ns**	sho*e***s**	dress*e***s**
b*u*s*y*	b*u*s*y*work	b*u*s*y*ness	b*u*s*y*bod*y*
b*u*s*i*ness	bus*i*ness*like*	bus*i*nessman	bus*i*nessmen
xenon	**x**anthic	**X**erox	**X**a*v*ier
x*iphoi*d	**x***ylophone*	**x***y*lograp*h*	**x**en*ophob*ic

177

z as in zip lesson 3

zip	buzz	czar	ooze
booze	breeze	freeze	sneeze
snooze	wheeze	squeeze	antifreeze
buzzing	oozing	boozing	breezing
freezing	snoozing	wheezing	squeezing
was	jeans	shoes	dresses
busy	busywork	busyness	busybody
business	businesslike	businessman	businessmen
xenon	xanthic	Xerox	Xavier
xiphoid	xylophone	xylograph	xenophobic

k as in kid lesson 1

			oo
kid	cat	sock	c*oo*k

ar ee	ir	ir d	ir
kh*a*-k*i*	li-**qu***or*	li-**qu***o*r*ed*	li-**qu***o*-*r*ing

	ee	u-e ee	f i ee
che**que**	an-t*i***que**	*u*-n*i***que**	*phy*-s*i***que**

a-e	oo	o-e	o-e
*a***che**	s**ch***oo*l	s**ch***i*-z*o*	te**ch**-n*o*

ir	oo ir	ir ee	ə
s**ch**o-l*ar*	s**ch***oo*-n*er*	s**ch**o-l*ar*-l*y*	te**ch**-n*o*-crat

ə	ə ee	s ə	i ir
che-m*i*st	**ch**e-m*i*s-tr*y*	**Ch**r*i*st-m*a*s	**ch**a-r*a*c-t*er*

ee	oy		ir
s**ch**e-ming	s**ch***i*-z*oi*d	s**ch**o-las-tic	s**ch**o-l*ar*-ship

ə	oo oy	oo ow s	oo or
te**ch**-ni-c*a*l	s**ch***oo*l-b*oy*	s**ch***oo*l-h*ou*s*e*	s**ch***oo*l-b*oar*d

s i-e o-e	s i-e	s i-e ə j ee	ə j ee
psy-**ch***o*	*psy*-**ch***o*-tic	*psy*-**ch***o*-l*o*-g*y*	te**ch**-n*o*-l*o*-g*y*

ə	oo	ir or	ə f
te**ch**-n*i***que**	che**que** b*oo*k	**ch**e-**qu***er*-b*oar*d	s**ch***i*-z*o*-*ph*re-nic

k as in kid lesson 2

kid	cat	sock	cook
kha*ki*	li**qu**o*r*	li**qu**o*red*	li**qu**o*ring*
che**que**	ant*i***que**	*un*i**que**	*phy*s*i***que**
*a***che**	s**ch**o*ol*	s**ch**i*zo*	te**ch**n*o*
s**ch**o*lar*	s**ch**o*oner*	s**ch**o*larly*	te**ch**n*o*crat
chem*i*st	**ch**em*i*stry	**Ch**ri*st*ma*s*	**ch**a*ra*cte*r*
s**ch**e*ming*	s**ch**i*zo*id	s**ch**o*lastic*	s**ch**o*lar*ship
te**ch**ni*ca*l	s**ch**o*ol*boy	s**ch**o*ol*house	s**ch**o*ol*boar*d*
*psy***ch**o	*psy***ch**otic	*psy***ch**o*logy*	te**ch**n*ology*
te**ch**n*i***que**	che**que** book	che**qu**e*rboard*	s**ch**i*zo*p**h**renic

k as in kid lesson 3

kid	cat	sock	cook
khaki	liquor	liquored	liquoring
cheque	antique	unique	physique
ache	school	schizo	techno
scholar	schooner	scholarly	technocrat
chemist	chemistry	Christmas	character
scheming	schizoid	scholastic	scholarship
technical	schoolboy	schoolhouse	schoolboard
psycho	psychotic	psychology	technology
technique	cheque book	chequerboard	schizophrenic

ch as in chick lesson 1

chick	ba**tch**	bo**tch**	bi**tch**
ca**tch**	di**tch**	fe**tch**	ha**tch**
hu**tch**	la**tch**	ma**tch**	pa**tch**
pi**tch**	re**tch**	sna**tch**	w*a***tch** (o)
pi-**tch**ing	re-**tch**ing	sna-**tch**ing	w*a*-**tch**ing (o)
di**tch***ed* (t)	ma**tch***ed* (t)	pa**tch***ed* (t)	w*a***tch***ed* (o, t)
w*a***tch**-band (o)	w*a***tch**-m*a*n (o, ə)	ha**tch**-w*ay* (a-e)	ha-**tch**e-*ry* (ir, ee)
ce-ll*o* (o-e)	*q*ues-**ti**o*n* (q, ə)	a-v*a*-lan**che** (ə)	cap-t*ure* (ir)
den-t*ure* (ir)	lec-t*ure* (ir)	pic-t*ure* (ir)	rap-t*ure* (ir)
f*ea*-t*ure* (ee, ir)	f*u*-t*ure* (u-e, ir)	n*a*-t*ure* (a-e, ir)	a-p*er*-t*ure* (ir, ir)

ch as in chick lesson 2

chick	batch	botch	bitch
catch	ditch	fetch	hatch
hutch	latch	match	patch
pitch	retch	snatch	watch
pitching	retching	snatching	watching
ditched	matched	patched	watched
watchband	watchman	hatchway	hatchery
cello	question	avalanche	capture
denture	lecture	picture	rapture
feature	future	nature	aperture

ch as in chick lesson 3

chick	batch	botch	bitch
catch	ditch	fetch	hatch
hutch	latch	match	patch
pitch	retch	snatch	watch
pitching	retching	snatching	watching
ditched	matched	patched	watched
watchband	watchman	hatchway	hatchery
cello	question	avalanche	capture
denture	lecture	picture	rapture
feature	future	nature	aperture

sh as in ship lesson 1

		or	oo ir
ship	**ch**ef	**s**ure	**s**u-ga**r**

u-e	ə	ə	ə
ti-**ss**ue	fi-**ssi**on	mi-**ssi**on	pa-**ssi**on

ə	ə	ə ə	ə ə
Ru-**ssi**an	se-**ssi**on	mi-**ssi**o-nal	se-**ssi**o-nal

ə	ir ə	i-e ə	ə ə
man-**si**on	i-mm**er**-**si**on	d**i**-men-**si**on	te-le-vi-**si**on

ə	a-e ə	ə	ə ee
spe-**ci**al	gra-**ci**ous	pre-**ci**ous	spe-**ci**a-lly

ee ə	u-e ə	ə	ə ə
de-li-**ci**ous	mu-si-**ci**an	sus-pi-**ci**ous	po-l**i**-ti-**ci**an

a-e ə	a-e ə	ə	a-e a-e ə
na-**ti**on	sta-**ti**on	in-ten-**ti**on	va-ca-**ti**on

ee a-e ə	ə ə	q o-e a-e ə	i-e a-e ə
cre-a-**ti**on	a-tten-**ti**on	quo-ta-**ti**on	m**i**-gra-**ti**on

ə	ə a-e ə	ə air ee	ə a-e ə
in-struc-**ti**on	re-ve-la-**ti**on	dic-**ti**o-na-ry	in-v**i**-ta-**ti**on

a-e ə	ə a-e ə	z ə a-e ə	ir a-e ə
ex-pec-ta-**ti**on	com-b**i**-na-**ti**on	pre-sen-ta-**ti**on	con-ser-va-**ti**on

sh as in ship lesson 2

ship	chef	sure	sugar
tissue	fission	mission	passion
Russian	session	missional	sessional
mansion	immersion	dimension	television
special	gracious	precious	specially
delicious	musician	suspicious	politician
nation	station	intention	vacation
creation	attention	quotation	migration
instruction	revelation	dictionary	invitation
expectation	combination	presentation	conservation

sh as in ship lesson 3

ship	chef	sure	sugar
tissue	fission	mission	passion
Russian	session	missional	sessional
mansion	immersion	dimension	television
special	gracious	precious	specially
delicious	musician	suspicious	politician
nation	station	intention	vacation
creation	attention	quotation	migration
instruction	revelation	dictionary	invitation
expectation	combination	presentation	conservation

www.ingramcontent.com/pod-product-compliance
Lightning Source LLC
Chambersburg PA
CBHW080855010526
44107CB00057B/2584